JN130455

通販会社・ネットショップのための

「リピート客を育てる技術」

同文舘出版

はじめに

通販業界は、日本では数少ない成長業種のひとつです。高齢者のネット通販の利用者も年々、増加傾向にあり、今後、ますます業界の成長が見込まれています。新規参入の増加や実店舗を展開している会社の通販強化もあり、競争は激化しており、新規客の獲得はますます難しくなることが予測されます。

近年、通販業界ではＣＲＭ（Customer Relationship Management）という言葉が流行り始めたように、新規客獲得で苦戦する会社が増える中、リピート客の育成に関心を持つ会社が非常に増えてきました。

私は健康食品、化粧品、食品を扱っている会社の通信販売事業のコンサルティングを行なっているのですが、その中でもリピートに関する相談を多くいただいています。この業界のコンサルティングを始めた頃、今からもう15年以上前になりますが、リピートへの関心はここまで高くなかったと記憶しています。

本書はリピート客の育成に課題を感じている中小の通販事業者、ネットショップ運営者を想定しながら内容をまとめました。地道に真面目にビジネスを行なう方のことを想定しながら書いたので、「楽をして儲けたい」「手っ取り早く成功する方法を知りたい」という方には向かないかもしれません。リピート客の育成は何かひとつやれば大丈夫ということはありません。さまざまな施策を行ない、その積み重ねが成果につながる、そんな特性があります。

本書で私が伝えたいのは答えではなく、考えるためのヒントです。そのためにポイントや考え方だけでなく、多くの事例を紹介しています。本書で記載した内容や紹介した事例はすべて私が現在の仕事を通じて取り組んだことや、出会った皆様から直接教わったことばかりです。会社全体で取り組んだ施策もありますが、一人の担当者が情熱を持って取り組んだ施策も数多くあります。

成果の出る方法は、会社の数だけあると私は考えています。すぐに自社で取り組めそうなものがあれば、それをヒントに施策を考えていただければ幸いです。

なお、本書を読み進めるにあたって、以下の点について読者に誤解があってはいけないので記載しておきます。

・タイトルに通販会社・ネットショップ向けとありますが、本文の中では通販業界、通販会社という表現に統一しています。

・本文の中で紹介している事例については、一部の会社を除いて社名は載せていません。これは、現時点で成功している会社の紹介が目的ではないのと、会社名を出さない方が、読者が施策を考えるときに先入観を持たずにすむのでは、と考えたためです。
・現在では取り組まれていない施策も、事例の中では紹介しています。その会社のさまざまな事情で現在は行なっていない施策もあるのですが、これも事例そのものを真似してほしいのではなく、考えるためのヒントにしてほしいという考えのもとです。
・日頃の仕事柄、事例は健康食品、化粧品、食品の比率がどうしても高くなってしまいました。扱っている商材が違う会社の方も多いとは思いますが、伝聞ではなく自分自身が確認した事例を載せましたので、その点はご容赦ください。

なお、3章の中で記載したデータ分析については、やずやグループの株式会社未来館の西野博道社長に2005年に直接教えていただいた、顧客ポートフォリオの概念を応用しています。顧客ポートフォリオについては、いくつかの書籍やWEB上でも紹介されていますが、そこからの引用ではないことは念のため記しておきます。
今回、12年ぶりに出版の機会をいただき、執筆時にご指導くださった、株式会社同信社の古市達彦氏、通販の師匠であるやずやグループの株式会社未来館の西野博道社長、今回の執筆にあたり事例紹介で協力してくださった皆様、そして仕事を通じて知り合ったすべての皆様に心より御礼申し上げます。

2018年10月

辻口勝也

目次

通販会社・ネットショップのための「リピート客を育てる技術」

2章 初回購入客に2回目購入を促す

3章 ツールとデータを活用する

4章 仕組みによるリピート促進

5章 販促によるリピート促進

8章 社内体制のあり方について

本文DTP／マーリンクレイン
装丁／大場君人

1章

リピートの考え方

1 リピートの重要性は高まるばかり

「あなたの会社はリピートが強いですか？」

このような質問をされたとき、あなたはどう答えますか？

「強い」「弱い」「普通」「わからない」、さまざまな答えが皆様の頭によぎったのではないかと想像します。その答えを考えるにあたって、そもそも「リピートが強い」とはどのようなことなのかを定義しなければなりません。

リピートが強いとは、リピート客を育成するのが上手という意味で、2回目リピート移行率が高く、かつリピート客が毎月増えていく状態を指します。リピート率という表現をする方もいますが、リピート率はお客様全員に占める2回以上購入したお客様の割合です。

仮に、この数字が高かったとしても、3回以上購入する方が少なければ、リピートが強いとは言えません。2回以上購入するお客様が多く、かつ3回以上購入するお客様も増えていくことが大切なのです。

実際に多くの会社の方と話してみると、リピートが弱いのに強いと思い込んでいる会社や、その逆という会社もあります。特定のヘビーユーザーを思い浮かべるのではなく、数字での客観的な判断に基づき「強い」「弱い」を判断し、施策を考える必要があります。

新規客獲得が難しくなることが予測される中、リピート客を育成する力の有無が今後、通販業界で勝ち残っていけるかどうかの大きなポイントになります。リピート施策を強化しないと、競合に勝てないという環境になっていきます。

通販業界では、売上げが順調な会社は、新規客が増えると売上げも増えるので、広告による事業拡大に目が行きがちです。しかし、売上げが伸びている時期にこそ、リピート施策を強化することが大切です。

多くの会社は売上げの伸びが止まったり、売上げが減ったりすると、急にリピートが大切と言い出します。しかし、その段階でリピートを強化しようとしても、リピート施策は即効性がないので、どうしても時間がかかります。また社員の意識は急には変えられないので、目の前の売上げが落ちていく中、地道なリピート施策はどうしても後回しになりがちです。

一方で、売上げが伸びている時期であれば社内も前向きな空気であり、経費面でも余裕があることから、さまざまなチャレンジができるのです。

リピートが強い会社は新規客獲得のペースが鈍っても、売上げは緩やかな上昇か横ばいです。一方で、リピートが弱い会社は、新規客獲得のペースが鈍ると急激に売上げが下がっていくので、なるべく早くリピート客育成の強化を図ることが大切です。

2 リピート客を育てる5つの要素

お客様が、リピート客、優良客に育っていくプロセスでは、「商品力」「仕組み」「販促」「情報発信」「お客様対応」の5つが必要になります。この5つの要素なくして、いかにテクニックを駆使しても、決して長期にわたってリピート客を育てることはできません。

「商品力」は品質と価格のバランスと表現力、「仕組み」は定期コース、ポイント制度やクーポン券のようにお得に買えるサービス、「販促」はDM、メール等を使ったアプローチ、「情報発信」は商品や会社についての情報や、それを発信するための同

商品力、仕組み、販促、情報発信、お客様対応で優良客を育てる

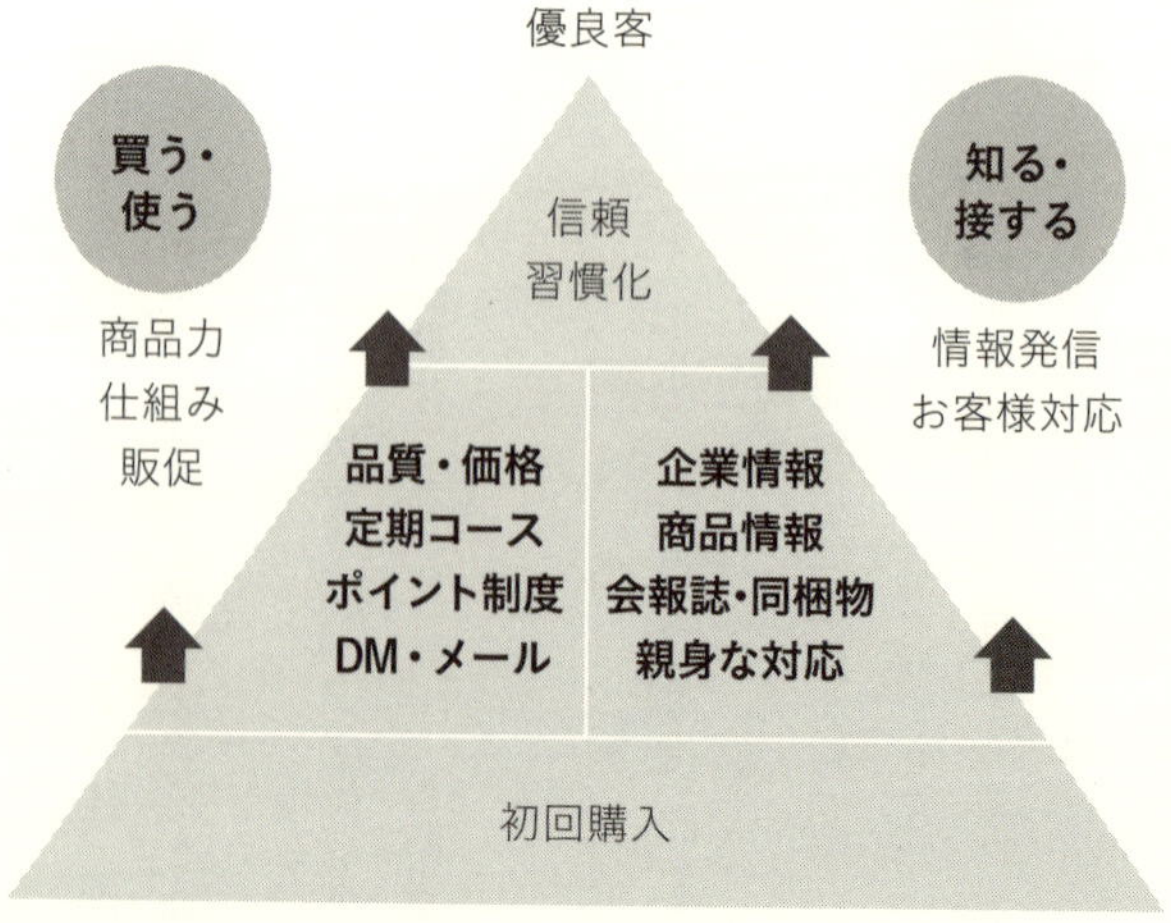

梱物や会報誌といったツール類、「お客様対応」は接客を指します。

前頁に図で示していますが、お客様は商品を購入し、商品を使いながらそのよさを実感していくという側面があり、まずは商品力がポイントになります。ただ、商品力だけではリピート人数も限られるので、仕組みとして、定期コースやポイント制度のようなお得なサービスや継続した販促を行ない、リピート購入を促します。またそれにプラスして、商品やサービスについて知る、接客を受けるという2つの要素があります。商品や会社のよさを頭でも理解することや親身な接客を受けると継続の可能性が高まり、最終的には信頼が醸成され、商品を使うことが習慣化されます。ここまで辿りつけば優良客に育ったと言えます。

自社のリピート客を育成する力を評価するときには、この5つの要素をもとにしてみると、「商品力はあるが、仕組みが弱い」というように課題も明確になります。

3 何よりも大切なのは商品力

通販ビジネスに限りませんが、リピートにおいて何よりも大切なのは商品力です。商品力は、「価値／価格」（価格分の価値）で表現することができます。つまり、払った価格以上の価値を感じることができるかどうかで、その価値を分解すると「品質＋表現力」になります。

食品を例に取ると、品質は「味」というわかりやすい目安がありますが、ただ単に味がよいだけでは十分に価値を感じてもらうことはできません。生産者の姿、原料や調理方法のこだわりといった、おいしい理由が伝わって初めて商品の価値を感じることができます。

すなわち、表現力があってこそ商品力を高めることができるのです。食品の場合、スーパーに行けば品揃えも豊富で安く買えるのに、なぜ通販で買うのでしょうか？　通販で商品を買うお客様は、他社にないこだわり、信頼感、おいしそうな写真、職人の技、歴史、安心・安全といった情報に価値を感じているからなのです。

今後、どこでも買える商品を仕入れて売っていては、アマゾンや大手に勝つことは難しくなります。いかに、自社でしか売っていないオリジナル商品を開発し、販売していくかというところが最も重要な要素になります。

商品力を測るひとつの目安として、お客様の声の多さがあげられます。お客様の満足度が高い商品は、不思議とお客様の声ハガキやレビューが多く寄せられる傾向があります。商品ごとに、どの程度お客様の声ハガキが戻ってきているか、レビューをアップしてもらえているかを常に注視するとよいでしょう。その実際の声の中から、お客様が満足しているポイントを知ることができます。もし、皆様の会社でお客様の声がよく集まる商品があったら、売れるサインだと思ってください。

ある健康食品通販の会社では「A」という商品が、他の商品と比較してお客様の声が多く

主原料の生産地を紹介

こだわりの原料を紹介

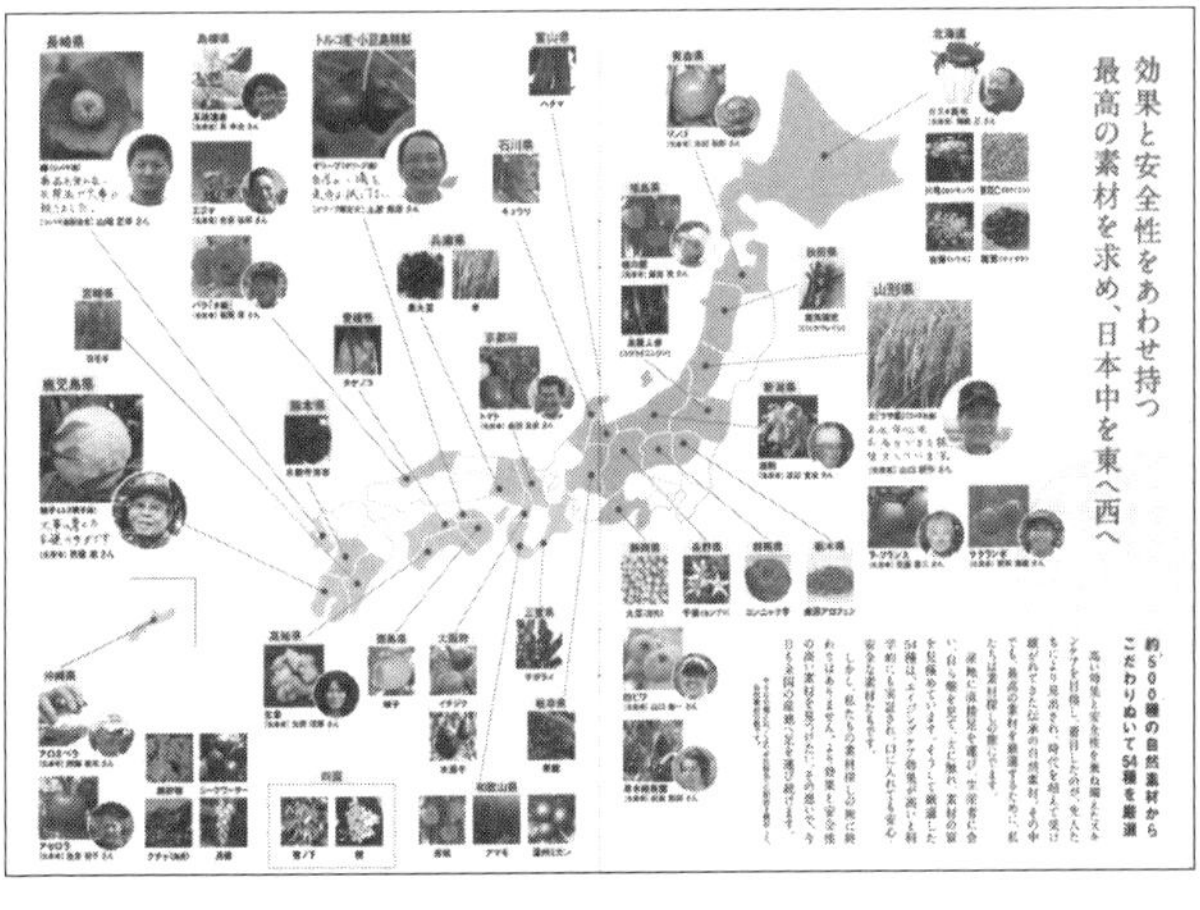

集まるということに、あるとき気がつきました。それまでは、Aは広告出稿の対象の商品ではなかったのですが、これだけお客様の声が集まるなら試してみようと広告出稿したところ、非常によい反応を取ることができ、事業拡大に寄与しました。

4 一番商品を徹底して伸ばす

一番売りたい商品、売れる商品を、まずは徹底して売る。この大原則は、すべての業種に当てはまるもので、通販業界でも常に意識しておく必要があります。一番商品の販売に注力することで、経営資源を集中することができるとともに、会社としての売りも明確になります。よく、事業のリスクヘッジとして、複数の商品を同時に柱にしようと広告投資を分散させる会社がありますが、どうしても事業拡大のスピードは緩やかになってしまいます。

ある食品通販の会社では、経営者の好奇心が旺盛で、さまざまな商品を見つけてきては、広告やDMで案内をしていました。目新しさがあるのはよいのですが、社員の商品理解が浅いままの販売が続き、結果としてお客様に上手に案内できませんでした。このような状態ではなかなか主力品が育たず、売上げも安定しません。まずは1品、主力となる商品を徹底して伸ばすことが重要です。

一番商品に集中した方が、売る方も商品やその周辺の知識を多く深く知ることができるし、お客様もお店のコンセプトがわかりやすくなります。

あるワインの通販会社では、スペインワインに特化して商品を販売しています。産地を絞ることで、深い情報発信ができることや、販売者自身も商品にくわしくなれるのがポイントです。商品ページやメールマガジンでも、詳細な産地や生産者の情報を紹介しています。お客様も、会社の商品選定への信頼がベースにあり、商品に満足したお客様のリピート購入につながっています。

品揃えについても、売上アップを目的として闇雲に品数を増やすのはお勧めしません。しっかりとした考え方を持ち、販売者として自信を持てる商品を揃えることが大切です。そうしないと、在庫リスクを抱え、結果として利益が減ることにもつながります。また、不思議と売れない商品ほど熱心なお客様がついてしまう場合があり、そうなると終売の際に苦労することになります。

卸売り主体のメーカーが通販を始める場合に、売上アップのために商品数を安易に増やす傾向があります。卸売りの場合は、新商品を開発して問屋や小売店に卸せば売上げが立ちますが、通販の場合は、広告等の販促を行なう必要があり、単に品数を増やしただけでは売上げは上がりません。卸売り発想を通販ビジネスには持ち込まず、まずはしっかり主力品を育てる意識を持つことが大切です。

ある健康食品通販の会社では一時期、商品数が７００以上ありました。売上重視で健康食品だけでなく雑貨品等、さまざまなジャンルの商品を仕入れていたのですが、在庫ロスや利益率の低さから収益を圧迫していました。そこで、販売を主力品である健康食品に集中し、商品数も70近くまで減らしました。結果として、減らした直後も売上げに大きな変化はなく、収益面は大きく改善しました。そしてその後、広告宣伝を一番商品に集中できたことで、売上げを2年で4倍以上に増やすことができました。勇気を持って売れない商品をなくし、売れる商品に集中することの大切さを示した事例と言えます。

5 自社の強みを把握する

お客様は商品を購入する際には、意識しているかどうかは別にして、必ず理由を持っており、お客様はその会社の持つ強みにお金を払っているのです。よって、その理由こそが自社の強みであることを、まずは認識しなければなりません。

他社にない魅力的なオリジナル商品を販売しているのか、他社よりも安い価格で販売しているのか、丁寧な接客やきめ細かいお客様対応が評価されているのか、販売手法に長けているのかなど、理由はさまざまですが、どの会社も他社に負けない自社の強みを必ず持っているはずです。

あるペット関連商品の通販を行なっている会社は長年、ペット業界で事業を営んでおり、業界事情に精通するとともに、ペットへの深い愛情や飼い主の心理状態についても知見を持っていました。通販事業に新規参入した際にも、飼い主の心理状態や困っていることを把握しているので、共感、支持されやすい情報発信をすることができ、順調に売上げを伸ばすことができました。オリジナル商品である消臭剤の広告では、商品が持つ消臭力をアピールしつつも、「ペットの目や口に入っても害はありません」と、飼い主が心配しそうな点を先回りしてお伝えするようにしています。このように、飼い主の心に寄り添うような情報発信ができるのはこの会社の大きな強みになっています。

多くの会社を見ていると、経営者の強みがそのまま会社の強みになっていることがよくあります。ある経営者はＷＥＢ広告の運用ノウハウを持っており、広告代理店に任せることなく、自社で広告運用をしています。広告のテストや運用面での改善もスピーディーに行なえることから、着実な売上アップに成功しています。

また、ある経営者は電話での販売が得意で、そのノウハウで事業を大きくしていました。新規事業として通販事業に参入する際にも、自社でコールセンターを構えてオペレーターの販売を指導しながら成果を出していきました。

このように、経営者は特に自分の強みを認識し、どう活かすかという点が重要で、強みを活かせている場合は売上げも順調に上がっていきます。

一方で、会社が持つ強みを上手に発揮できないと、なかなか売上げが上がらず苦労します。

ある化粧品卸売業の会社が、通販にチャレンジしたときのことです。当初は、卸先の化粧品販売店の反発を恐れて健康食品の新商品を開発し、販売を始めました。ただ、化粧品と違って、健康食品の販売は経験がなかったのでなかなか要領がつかめず、当初、非常に苦戦をしました。そこで方針を変えて、化粧品の通販専用商品を開発し、慣れている化粧品の販売に注力したところ、ようやく自社の経験を活かすことができ、事業を軌道に乗せることができました。

このように、自社が本来持っている強みを上手に発揮できないと、成果を出すのは難しくなってしまいます。まずは自社の強み、競合に対しての優位性を認識し、いかにその強みを活かしていくかが大切です。

6 6回購入が最初のゴール

多くの会社の販売データを分析してみると、購入回数が6回を超えたお客様の継続率が高い傾向があります。よって、まずはいかに6回購入してもらうかを考えることが大切です。

ある化粧品通販の会社では、初回から6回目購入に至るまでのフォローを設計しています。購入回数ごとに会社として伝えたいことを整理し、それにあわせて商品発送時に同梱するツールの種類と内容、メールを送付するタイミングや内容を決めています。

また、6回目購入への移行率で商品力を測ることができます。商品ごとに6回目購入への移行率を測定すると、それぞれ差があることがわかります。広告やリピート施策自体に大きな差がなければ、商品力の差と見ることができます。広告投資を行なう上で、商品ごとの6回目購入の移行率は常に確認しておく必要があります。

ある健康食品通販の会社では、広告出稿している商品Aと商品Bを比較したところ、6回目購入の移行率に大きな差があることがわかりました。そこで、移行率の高い商品Aに広告投資を集中させることに方針を変更しました。

このように、6回目を最初のゴールとして施策を検討していく必要があるのです。

7 非効率の効率を大切にする

リピート施策を実行する上で大切にしたいのが、「非効率の効率」という考え方です。たとえば、お客様に商品購入のお礼の手紙を書くことは、手間も時間もかかり一見非効率ですが、感動したお客様がリピート購入してくだされば、結果として効率がよいと言えます。

一方で、メールを一斉配信すれば、多くのお客様に案内ができて効率的ですが、お客様のファン化は難しく、必ずしも効率的とは言えません。

特に認知度の低い中小企業は、大手がしない、できない、非効率に見える施策に取り組んでほしいものです。お客様に一言添えたお礼状を書く、喜んでもらえるようなプレゼントを用意するといった、ちょっとした創意工夫は中小企業の得意分野です。

ある健康食品通販の会社では、クレームのあったお客様に1ヶ月後に電話をする取り組みをしています。ご迷惑をかけたので、その後、ご不便がないか気遣うことが目的なのですが、お客様は丁寧な対応に驚くとともに、会社への信頼を増すきっかけになっています。

お客様に親身に対応することは、間違いなく会社への信頼感のアップにつながります。楽天のようなモールに出店している会社であれば、丁寧なお客様対応はレビューの評価に明確に現われ、売上アップにも貢献します。ぜひ目先の効果が数字で測れなくても、お客様のために大切だと思うことは実行していってください。

お客様への手書きのお手紙

2章

初回購入客に
2回目購入を促す

1 2回目購入の重要性について

リピート客育成力を高めるために最初に着目するのが、初回購入者の2回目移行率です。自社のリピート客育成力を高めるために、最も重要なことは初回客を一人でも多く2回目購入につなげることです。

リピート客育成力が弱い会社の共通点は、この2回目購入をさせる力が弱いことなので、この点を改善することが、リピート客育成力を高める最優先事項になります。

リピート移行人数は2回目→3回目、3回目→4回目と購入回数が増えるごとにどうしても減っていってしまいますが、2回目購入の移行率が高いほど、継続する人数も増えるので、とにかく2回目の人数をいかに多くするかが大切です。

お客様が2回目購入に至らない理由としては、商品の品質に満足しなかった、商品のよさが伝わらなかった、リピートのきっかけがなかったという点が考えられます。商品のよさが伝わらないのは、商品自体の持つ力とツールによる情報発信が弱かったということに起因します。また、リピートのきっかけがないというのは、DMやメール等の案内が少ないことで、時間の経過とともに商品や会社のことを忘れてしまうということに起因します。

商品力があってもリピートを促進する仕組みがなかったり、お客様対応が不十分であったり、商品や会社のよさといった情報を知ることができないと、リピート購入にはつながりません。待ちの姿勢ではリピート人数は限られるので、積極的なアプローチが大切です。

ある健康食品通販の会社では、初回お試し購入客の2回目購入の移行率が15%しかありませんでした。そこで、2回目購入の移行率を高めるためにフォローの設計や施策を大幅に変更しました。すると、半年後には移行率が35%にまで上がり、リピート客の売上げが増えました。この会社では、以前ほど新規客は獲得できていないのですが、リピート客が増えた分、全体の売上げを増やすことができました。

ある食品通販の会社では、広告の反応はよいのですが、なかなか売上げが上がらないということで悩んでいました。分析してみると、2回目購入の移行率が低く、新規客の大半が1年後には休眠客になっていました。広告の反応がよいと、電話が数多く鳴るので非常に売れているような気にはなるのですが、実際はリピート客が積み上がっていなかったのでした。この会社では広告出稿費をいったん抑え、リピート施策の見直しを図ることになりました。

広告の反応がよいときはなおさら、2回目購入の移行率を確認しておく必要があります。

このように2回目購入の移行率が高いか低いかによって、全体の売上げに大きな影響を与えることがわかります。

2 初回の注文時に2回目購入の案内を行なう

2回目購入の案内は、初回の商品注文時からスタートします。定期コースのような、継続して購入するとお得になる制度のある会社では有効な取り組みです。電話でもWEBでも初回注文の段階から定期コースの案内をするのが2回目購入の移行率を高めるポイントです。まだ商品を1回も使っていないのに、定期コースに入るお客様はいないのではないかと思われるかもしれませんが、現実には上手に案内を設計することで、定期コースへの誘導を実現することができます。

電話受注の場合には、オペレーターが、その場で定期コースの案内をします。コールセンターにおけるトークスクリプトを上手に設計することと、オペレーターが案内の場数を踏むことで誘導率を高めることができます。特に、オペレーターが案内に慣れることによって誘導率を上げることができるので、空き時間にロールプレイングをしたり、上手なオペレーター

お試し品初回注文時の購入確定前に定期コース誘導

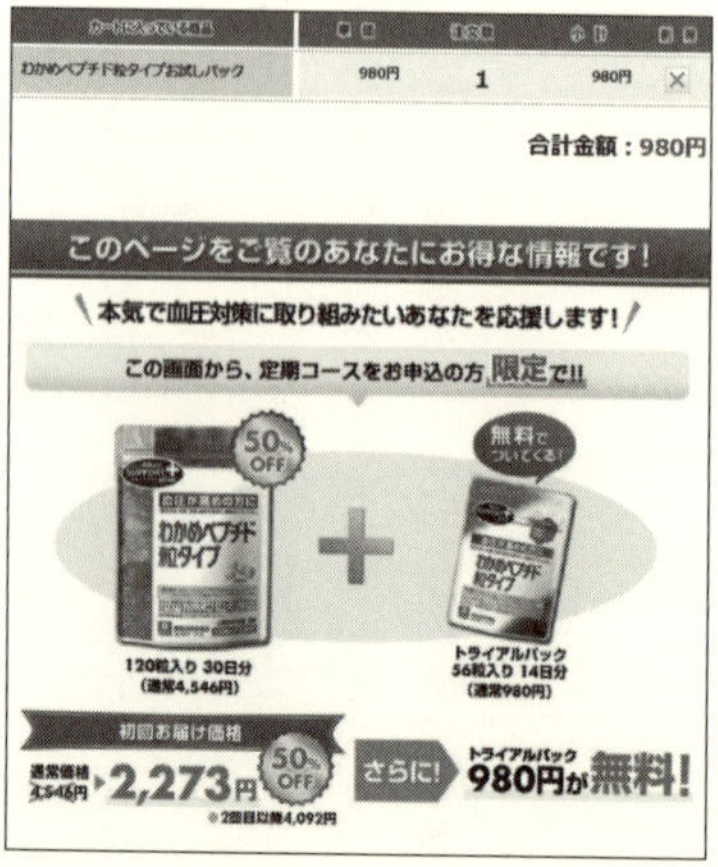

のトークを共有したりしながら経験を積んでいく必要があります。

ＷＥＢでも、ショッピングカートに商品を入れた際に、注文の最終確定前に定期コースの案内をします。たとえば、お試し用の９８０円の商品を用意し、お試し品をカートに入れたお客様に定期コースの案内をします。お試し品を購入するつもりだったお客様でも、このタイミングで案内をすることで、定期コースへ注文を変更する方が一定割合いるので有効な施策と言えます。

商品をお届けする際の初回同梱物での案内も大切です。同梱しているツール類は初回購入時が一番読まれる確率が高いので、重要な情報を最初に伝えることが肝心です。大切な情報は小出しにせず、ツールを通じてわかりやすく伝えるようにしてください。

3 90日間フォローを設計する

初回購入者に2回目購入を促すために、90日間のフォローを設計します。

初回購入者には、２回目購入を促進するために、メールやＤＭを送ってアプローチをします。90日間を過ぎると2回目購入の移行率が落ちるので、いかに90日以内に2回目購入を促すかが大切になります。

よく、「初回購入者には何日後にＤＭやメールを送ったらいいですか？」と聞かれますが、各社状況が違うので、一概にこうしたらよいと当てはめることはできません。販売している商品や社内体制を勘案しながら自社に合ったフォローを設計することが大切です。

初回購入から2回目購入を促す設計では、まずお客様の購入サイクルを確認する必要があります。まず初回購入から何日後に2回目購入に至っているかを確認します。仮に20日後〜30日後が最も多い場合には、そのことを意識しながらフォローを設計するのがポイントです。

90日間の中でも、特に最初の30日間が大切なので、そのあたりを意識して設計していきます。一例を示すと、3日後お礼のおハガキ、10日後フォローDM1回目、21日後フォローDM2回目、28日後フォローDM3回目、60日後フォローDM4回目、90日後フォローDM5回目というような流れです。DMを何回送るか、メールや電話をどう絡めていくかは、試行錯誤しながら設計していってください。

ある健康食品通販の会社では、2週間分のお試し品を活用して新規客を獲得していました。当初、お試し品を飲み終えていると想定される、購入から15日後にフォローの電話をしていましたが、あまり2回目購入の移行率がよくありませんでした。そこで、全部飲み終える前の購入から8日頃に電話をする時期を変えたところ、2回目購入の移行率が改善されました。

ある化粧品通販の会社では、WEB主体で販売しているため、メールでのフォローを行なっています。初回購入者に3日後に到着確認メールを送り、その後、15日後、30日後、45日後、60日後、90日後とフォローメールを送り、リピート購入を促しています。各フォロー

初回購入者向けのフォロー事例

A社の場合　紙広告で新規客獲得
健康食品　お試し品500円（7日分）本商品3,000円

購入 3日後	お礼のおハガキ
購入 7日後	フォローDM1回目
購入14日後	フォローDM2回目
購入30日後	フォローDM3回目
購入45日後	フォローDM4回目
購入90日後	フォローDM5回目

B社の場合　WEB広告で新規客獲得
化粧品　お試し品980円（7日分）本商品4,000円
有効期限30日のクーポンあり

購入 3日後	フォローメール1回目
購入 7日後	フォローDM1回目
購入14日後	フォローDM2回目
購入20日後	フォローメール2回目（クーポン使用を促す）
購入25日後	フォローDM3回目（クーポン使用を促す）
購入45日後	フォローメール3回目
購入60日後	フォローメール4回目
購入90日後	フォローメール5回目

メールについて商品の購入率を計測して、内容の見直し等も随時行なっています。

食品や雑貨等のリピート性のやや低い商品は、毎月定期的に商品を購入するお客様は少ないので、DMの場合は90日間で3回程度、メールの場合は週に1～3回程度送り、接触を続けるのがよいでしょう。

お客様へのアプローチ回数は、2回目購入の移行率に大きな影響を与えます。売り込みのしつこい電話はお客様にも嫌がられますが、メールやDMであれば、お客様にもそんなに迷惑はかかりません。嫌がられるのでは？　飽きられるのでは？　と過剰に気にして接触頻度が落ちるのはよくないので、90日間はしっかりと継続してお客様にアプローチするように心がけてください。

4 お礼状でお客様の印象に残るようにする

お礼状は、初回購入客に感謝の気持ちを表わすものですが、商品発送時の同梱物に入れるか数日後におハガキで送るかになります。お客様の印象に残る対応を行なうことは、2回目購入のポイントになります。大手であれば、ブランド力もあり、お客様の記憶にも残りますが、中小企業は印象に残らないと、すぐにお客様は忘れてしまいます。

商品に同梱するお礼状も印刷の文章だけだと味気ないので、手書きの文章、スタッフの写

WEB注文の初回購入者にお礼のおハガキを送る

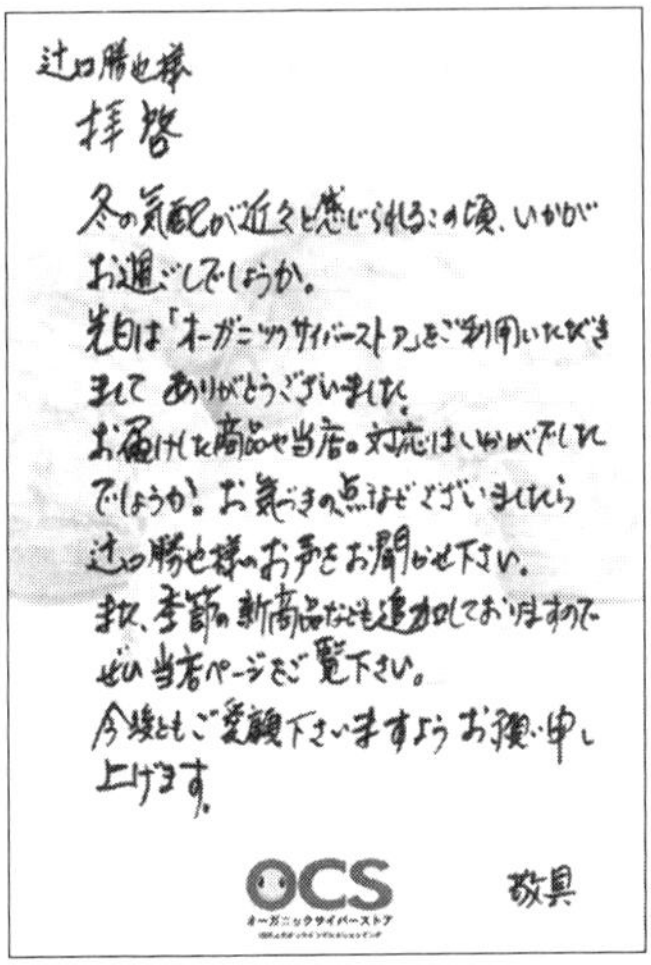
辻口勝也様
拝啓
冬の気配が近々と感じられるこの頃、いかがお過ごしでしょうか。
先日は「オーガニックサイバーストア」をご利用いただきまして ありがとうございました。
お届けした商品や当店の対応はいかがでしたでしょうか。お気づきの点などございましたら辻口勝也様のお声をお聞かせ下さい。
また、季節の新商品なども追加しておりますのでぜひ当店ページをご覧下さい。
今後ともご愛顧下さいますようお願い申し上げます。
OCS
オーガニックサイバーストア
敬具

お客様の印象に残る挨拶状

ごあいさつ
～「酒蔵の乳酸菌　米のしずく」をお届けいたします～

この度は「酒蔵の乳酸菌 米のしずく」をお買い求めいただきまして、誠にありがとうございます。

私は、皆様に「米のしずく」をご案内する、菊正宗通販お客様センターの池部と申します。

もしかすると、お電話でのご注文の方には既にお話させていただいたかもしれませんが、私はお客様からいただいた注文を弊社から発送するまでの大切な部分、また、ご愛用いただいているお客様とのやりとり、商品のご質問へのお返事などを担当させていただいています。一言で言うと、お客様と一番近くでお付き合いさせていただく者ということになるでしょうか。微力ではありますが、お客様に「米のしずく」をしっかりご案内できればと努めておりますので、頭の片隅にでも覚えていただけると嬉しく思います。

私の勤める「菊正宗」があるのは日本一の酒どころ「灘」、兵庫県神戸市東灘区。この地で菊正宗が酒造りを始めたのが万治二年（1659年）ですから、今年で創業352年を迎えたことになります。

菊正宗は長年の伝統と最新技術を駆使して特別な乳酸菌を見出しました。それが植物性乳酸菌「LK-117」です。

数ある乳酸菌の中でも強い生命力を持ち、健康面で優れた機能を発揮「米のしずく」は季節の変化に敏感な方、乾燥が気になる方、お腹の健康を守りたい方、若々しさを保ちたい方など、様々なお悩み解決のお手伝いができる全く新しいタイプの健康飲料です。お客様の健やかな毎日のために、続けてお飲みいただけますと幸いです。

私自身、この仕事に携わってまだ日が浅く至らない所が多いのでお客様に助けていただきながら緊張の毎日です。ぜひ、皆様のあたたかいお言葉をいただければ、と思います。

これからも、菊正宗の「酒蔵の乳酸菌 米のしずく」と末永くお付き合いいただけますことを、心よりお願い申し上げます。

菊正宗酒造株式会社
通販お客様センター　池部　千愛

真や自己紹介等があると、人の気配が感じられて親しみが湧いてきます。

ある食品通販の会社は、ＷＥＢ主体で販売しているのですが、あえて初回購入者にはおハガキを送って感謝の気持ちを伝えています。

お礼のおハガキを送る場合も、記念切手をあえて貼ったり、手書きのコメントを添えたりといったひと工夫があると、お客様の印象に残りやすくなります。

事業規模が小さく、お客様の人数も少ない会社やお店であれば、手書きのお礼状を送ることが最も効果的です。

ある化粧品販売店では、創業以来16年以上継続して、お客様に手書きのお礼状を同梱したり、おハガキを送ったりしています。創業1年目にお客様が非常に少なかったため、一人でも多くのお客様にリピートしてもらいたいという想いから始め、今でも継続した取り組みになっています。

近年、手書きの手紙をもらう機会も少なくなり、今まで以上に印象に残りやすくなります。予算は少ないが情熱はあるという会社は、ぜひチャレンジしてみてください。

5 DM・メールでのフォローについて

DMは、お客様に最もリーチできるが費用がかかる。メールは、費用は安価だが開封されにくいと、それぞれにメリット、デメリットがあります。それぞれのよさを活かすためには、DM、メール両方の活用が必要です。

WEBからの注文のお客様には、メールしか送らない会社が多いのですが、メールの開封率が下がり続ける昨今、DMでのフォローも併せて行なうことをお勧めします。

DM、メールでは、改めて商品の特徴、お客様の声やよくある質問等を伝えて、2回目購入を促します。購入から15日～30日を期限とした2回目購入特典を用意すると、2回目購入の移行率を上げることができます。

ある化粧品通販の会社は、WEBを主体に新規客の獲得を行なっていますが、2回目購入を促すフォローはDMとメールを併用しています。購入から3日後に冊子DM送付の案内

初回購入者へのフォローDM

メール、8日後に冊子DM、15日後にハガキDM、20日後にフォローメール、30日後にハガキDMとメール、45日後と60日後にフォローメールというように、DMとメールを織り交ぜてフォローを行なっています。

また、ある化粧品通販の会社では、受注媒体に関係なくDMでのフォローをベースにしており、90日間で5回DMを送付しています。この会社は紙の制作物のデザインと文章表現が独特で、その強みを活かしたフォローになっています。

DMを送るタイミングを変えるだけでも、2回目購入の移行率は変わってきます。ある化粧品通販の会社では、3回フォローDMを送っているのですが、送るタイミングを、当初の設計より10日ずつ後ろにずらしました。まだ、お客様が商品を十分に消費していない段階で送ってしまっているのでは、という仮説を立てて、後ろにずらしたのですが、結果的には、以前よりも2回目購入の人数を増やすことができました。

DMは費用もかかるので、小さな会社では出せる回数には限りがあります。どのタイミングで送るのが最も効果的かは、仮説を立てながら探っていってください。

メールは安価な分、細かい設計が可能です。内容や送付先を細分化することで、2回目購入の移行率を上げることができます。ある通販会社では、当初1種類だけのフォローメールを送っていましたが、商品カテゴリー別に5種類に細分化して送るようにしたところ、フォローメール経由の売上げが2倍になりました。この会社では、初回購入から1ヶ月以内に4回、その後、毎月1回送るような設計にしています。

6 電話でのフォローについて

お客様が高齢の方が多い場合や商品の価格が高めで丁寧なフォローが必要な場合は、電話でのフォローが有効です。高齢のお客様は、比較的在宅率も高く電話がつながりやすい傾向があります。

ある会社では、商品発送から3日後に到着確認の電話をしています。到着確認を通じて商品や対応に不備がなかったかを確認することと、まだ箱を開けていないお客様に箱を開けてもらうことを目的にしています。商品が届いたことに満足して箱を開けないお客様は、その分リピート購入が遅くなってしまいます。電話を通じて、箱の中にあるツール類も読んでもらうように呼びかけることができるのもよい点です。

ある健康食品通販の会社では、お試し品購入から20日後に電話をかけるようにしています。その場で注文を取るというより、ＤＭも送っているので、「もしよかったら、本商品の購入を検討してみてください」というアナウンスを目的にしています。電話では注文に至らなくても、後日ＤＭが届いてから注文が入る場合もあります。電話で受注ができるに越したことはありませんが、お客様がまだ迷っている場合には、強引に販売するよりも、よい印象を残して電話を切ることも大切です。

価格が高めの商品を販売している会社は、電話でのフォローを大切にしています。同梱しているツールに頼らず、電話でも商品のよさや使い方を伝えるようにしています。電話による親身なフォローも、価格の一部と言えるでしょう。

7 アンケートやクーポン券の活用について

初回購入者にアンケート用紙を同梱し、コミュニケーションの一助とするのも、２回目購入を促すうえでは有効な施策のひとつです。アンケートに回答してくださるお客様は、通販会社とコミュニケーションを取りたいという意思を表わしており、実際にアンケートを返さないお客様と比較すると、2回目購入の移行率が高い傾向があります。

初回購入者は、商品やサービスについて詳細に聞いても具体的な回答は戻ってこない可能性が高いので、コミュニケーションのきっかけとすることを目的として、購入理由や商品・サービスに期待していること等を聞くとよいでしょう。

アンケートの返信率はプレゼント等の特典をつけると上がります。お客様の生の声が聞ける貴重な機会なので、魅力的な特典を考えてみることをお勧めします。

また、クーポン券も2回目購入を促すのに有効なツールです。リピートするかどうか迷っているお客様の背中を押して、もう一度試していただくのが目的です。ただ、単に割引のクーポンを入れるだけでは利用されないので、ユニークなデザインにしたり、有効期限を明確に決めて告知することが必要となります。

有効期限については、DMやメールで期限が近づいていることをお知らせすることも、利用率を高めるために必要です。単なる割引ツールとして使うのではなく、商品の情報をしっかりと伝えたうえで、「もう1回試してみませんか?」と投げかけることが大切です。

初回購入者向けのアンケート

初回購入者向けのクーポン券

3章

ツールとデータを活用する

1 ツールの重要性と種類

商品をお客様に発送する際に、商品と納品書だけを送る会社がありますが、お客様はどうやってその商品のよさを知ればよいのでしょうか？

リピート購入を促すためには、商品や会社のよさといった情報をお客様に伝えることが大切です。ただ、広告やホームページで見た情報だけだと、お客様にはその場では伝わるかもしれませんが、時間が経過したら忘れられてしまいます。お客様が商品を購入した時点ではよいと思っても後日忘れてしまったら、リピート購入につながらないし、口コミでの広がりも期待できません。

初回同梱物で会社の想いを伝える

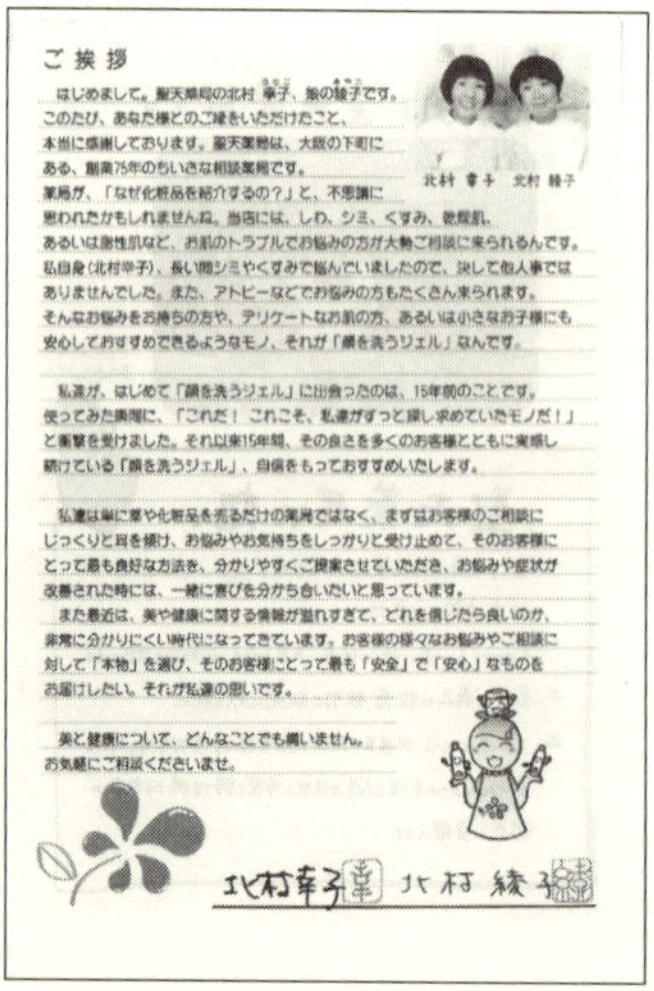

ご挨拶

はじめまして。聖天薬局の北村 幸子、娘の綾子です。
このたび、あなた様とのご縁をいただけたこと、
本当に感謝しております。聖天薬局は、大阪の下町に
ある、創業75年のちいさな相談薬局です。
薬局が、「なぜ化粧品を紹介するの？」と、不思議に
思われたかもしれませんね。当店には、しわ、シミ、くすみ、乾燥肌、
あるいは脂性肌など、お肌のトラブルでお悩みの方が大勢ご相談に来られるんです。
私自身（北村幸子）、長い間シミやくすみで悩んでいましたので、決して他人事では
ありませんでした。また、アトピーなどでお悩みの方もたくさん来られます。
そんなお悩みをお持ちの方や、デリケートなお肌の方、あるいは小さなお子様にも
安心しておすすめできるようなモノ、それが「顔を洗うジェル」なんです。

私達が、はじめて「顔を洗うジェル」に出会ったのは、15年前のことです。
使ってみた瞬間に、「これだ！ これこそ、私達がずっと探し求めていたモノだ！」
と衝撃を受けました。それ以来15年間、その良さを多くのお客様とともに実感し
続けている「顔を洗うジェル」、自信をもっておすすめいたします。

私達は単に薬や化粧品を売るだけの薬局ではなく、まずはお客様のご相談に
じっくりと耳を傾け、お悩みやお気持ちをしっかりと受け止めて、そのお客様に
とって最も良好な方法を、分かりやすくご提案させていただき、お悩みや症状が
改善された時には、一緒に喜びを分かち合いたいと思っています。
また最近は、美や健康に関する情報が溢れすぎて、どれを信じたら良いのか、
非常に分かりにくい時代になってきています。お客様の様々なお悩みやご相談に
対して「本物」を選び、そのお客様にとって最も「安全」で「安心」なものを
お届けしたい。それが私達の想いです。

美と健康について、どんなことでも構いません。
お気軽にご相談くださいませ。

北村幸子　北村綾子

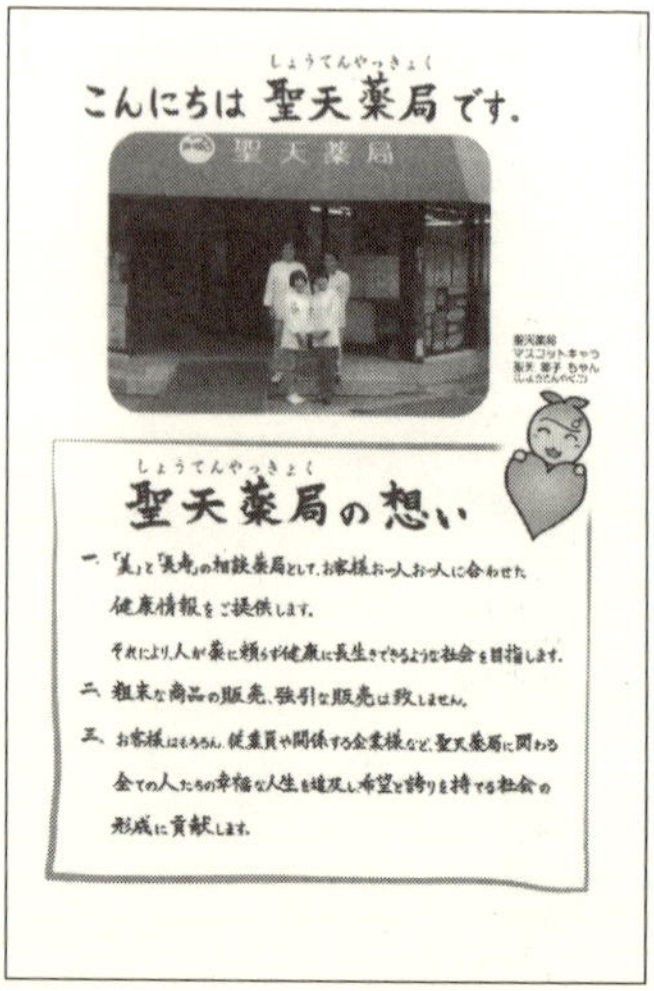

こんにちは 聖天薬局《しょうてんやっきょく》です。

聖天薬局《しょうてんやっきょく》の想い

一、「美」と「長寿」の相談薬局として、お客様お一人お一人に合わせた健康情報をご提供します。
それにより、人が薬に頼らず健康に長生きできるような社会を目指します。

二、粗末な商品の販売、強引な販売は致しません。

三、お客様はもちろん、従業員や関係する企業様など、聖天薬局に関わる全ての人たちの幸福な人生を追及し希望と誇りを持てる社会の形成に貢献します。

そのため、リピート購入を促すためには、商品のよさ、会社のよさを伝えるツールの存在が重要になります。店舗では、接客やPOP等を通じて伝えることができますが、通販においては、商品に同梱するツールがその役割をはたします。

ツールとしては、商品パンフレット、挨拶状、サービス案内、お客様の声、申込書、Q&A、商品の正しい使い方、商品カタログといったものを、最低限用意する必要があります。さらに会報誌、アンケート、会社の考え方をまとめたコーポレートブック、友人紹介といったツールも用意できるとさらによいでしょう。通販においては、これらのツールの出来によってリピートが左右されるため、常に見直しを図りながら充実した内容にしていってください。

2 商品パンフレット

お客様に届けるツールの最も基礎となるものが、商品パンフレットです。お客様は広告を見たり、友人に紹介されたりといった動機で商品を購入しますが、その時点では十分に商品のよさを理解していません。よって、お客様に改めて商品のよさや込められた会社やお店の想い、こだわりを理解してもらうことが商品パンフレットの目的です。

商品パンフレットに必要な要素は、開発ストーリー、原料や製法等のこだわり、商品の特徴、シリーズ商品の紹介、安心・安全に関する情報、会社情報、申し込みに関する情報と

商品パンフレット／開発ストーリーを伝える

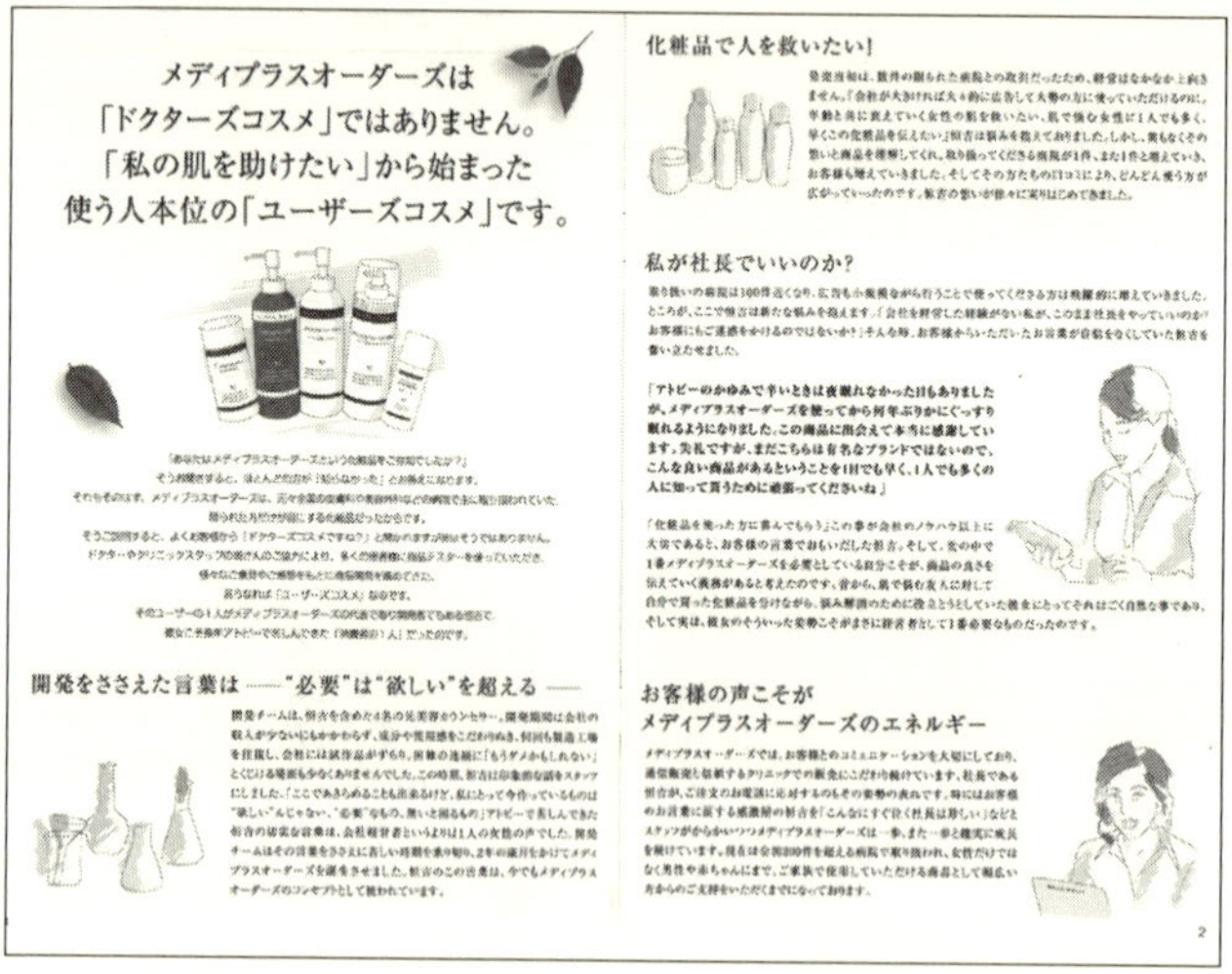

いったものになります。

　商品パンフレットを作成する際のポイントは、「文章を主体に伝え、イラストや写真はサブの扱い」ということです。お客様は文章を読まないと決めつけて文字数を減らしてしまうと、店舗に例えると、口数の少ない店員が商品の案内をしているようなことになります。

　ある健康食品通販会社の経営者は非常に想いが強い方で、商品開発の考え方や商品説明等を、10ページ以上にわたって文章で表現しています。その想いの詰まった文章をしっかりと読んだお客様は商品への信頼を持ち、長年買い続けるリピート客へと育っています。

　また、ある化粧品通販会社の経営者は、自分自身の肌の悩みが商品開発の

商品パンフレット／商品の特徴を表現

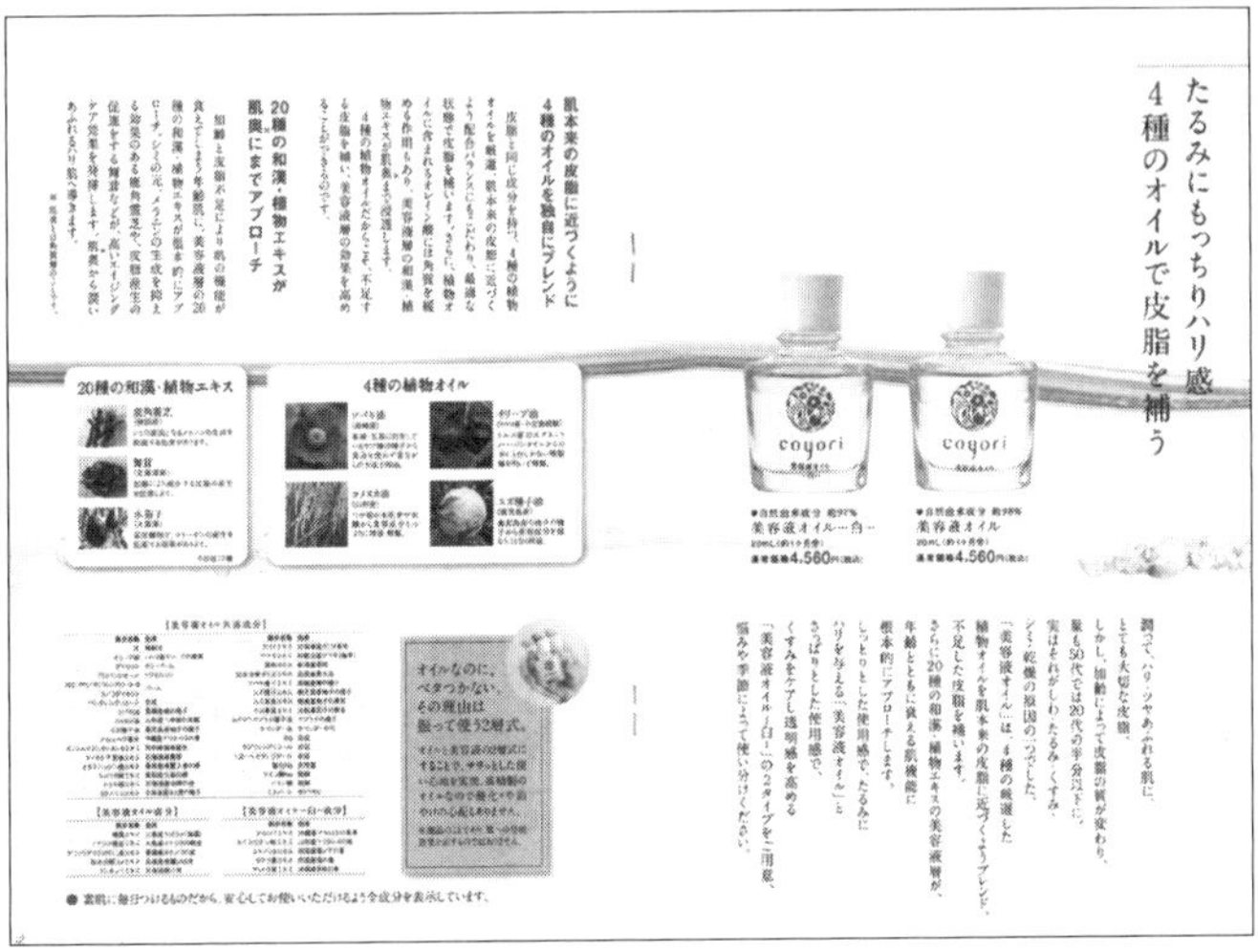

きっかけになっていて、その開発ストーリーを広告や商品パンフレットで表現しています。開発ストーリーのない広告は反応率も落ちることから、初回購入時からお客様がストーリーに共感していることがうかがえます。

商品だけでなく、会社の姿勢も併せて伝えることが大切です。自社工場を持っている会社であれば、使用原料の選定、研究開発や品質管理の姿勢、製造工程から梱包、配送まで一貫して行なっていることや携わっている社員の姿等を紹介していくとよいでしょう。

ある健康食品の製造会社では、商品パンフレットの中で製造工程、原料について紹介しています。この会社は、実際にお客様が工場見学することもでき、オー

商品パンフレット／原料へのこだわりを表現

プンで誠実な姿勢を伝えることができています。

　ある化粧品通販の会社では、商品パンフレットの中で会社の姿勢を伝えています。商品開発のポリシー、こだわりの成分を配合、開発から製造・発送まですべて自社で行なっていること、お客様の声を社員全員で目を通していること、安全性や環境問題に配慮していること等をわかりやすく表現しています。

　実際に多くの会社を見てみると、誠実に真面目に商品を製造・販売している会社ほど、豊富な情報を持っていることが多いものです。自社内にある情報を整理して、わかりやすく伝える努力をしていってください。

　お客様は通販で商品を購入する場合、

商品パンフレット／会社のこだわりや考え方を表現

商品パンフレット／安心・安全・会社の情報を表現

どうしても心の中に不安を感じています。その不安を払拭するためには、信頼できそうな商品、会社であるという確信が必要です。そのためにも、商品パンフレットは重要なツールなのです。

3 商品の正しい使い方

リピート購入してもらうためには、お客様に推奨している量を消費してもらうことが必要です。たとえば化粧品を販売している店舗では、使い方から使用量まで詳細にお客様にお伝えしますが、同様に通販の場合も、できるだけわかりやすく使い方を伝える必要があります。販売している会社側が推奨している量や使い方を正しく伝えて理解してもらわないと、お客様は我流で使ってしまうので消費量が少なくなってしまいます。

食品であれば、おいしい食べ方を載せたレシピ集、化粧品であれば、正しい使い方を載せたツールといったように、お客様に適切な消費を促すツールを、商品と一緒に同梱していきます。

ある食品通販の会社でお客様にアンケートを取ったところ、一番要望が多かったのは、おいしい食べ方を紹介するレシピ集でした。もともとレシピ集は、初回購入のお客様に同梱していたのですが、この会社ではアンケート後、より多くのレシピ集の作成とお客様への配布

商品の正しい使い方

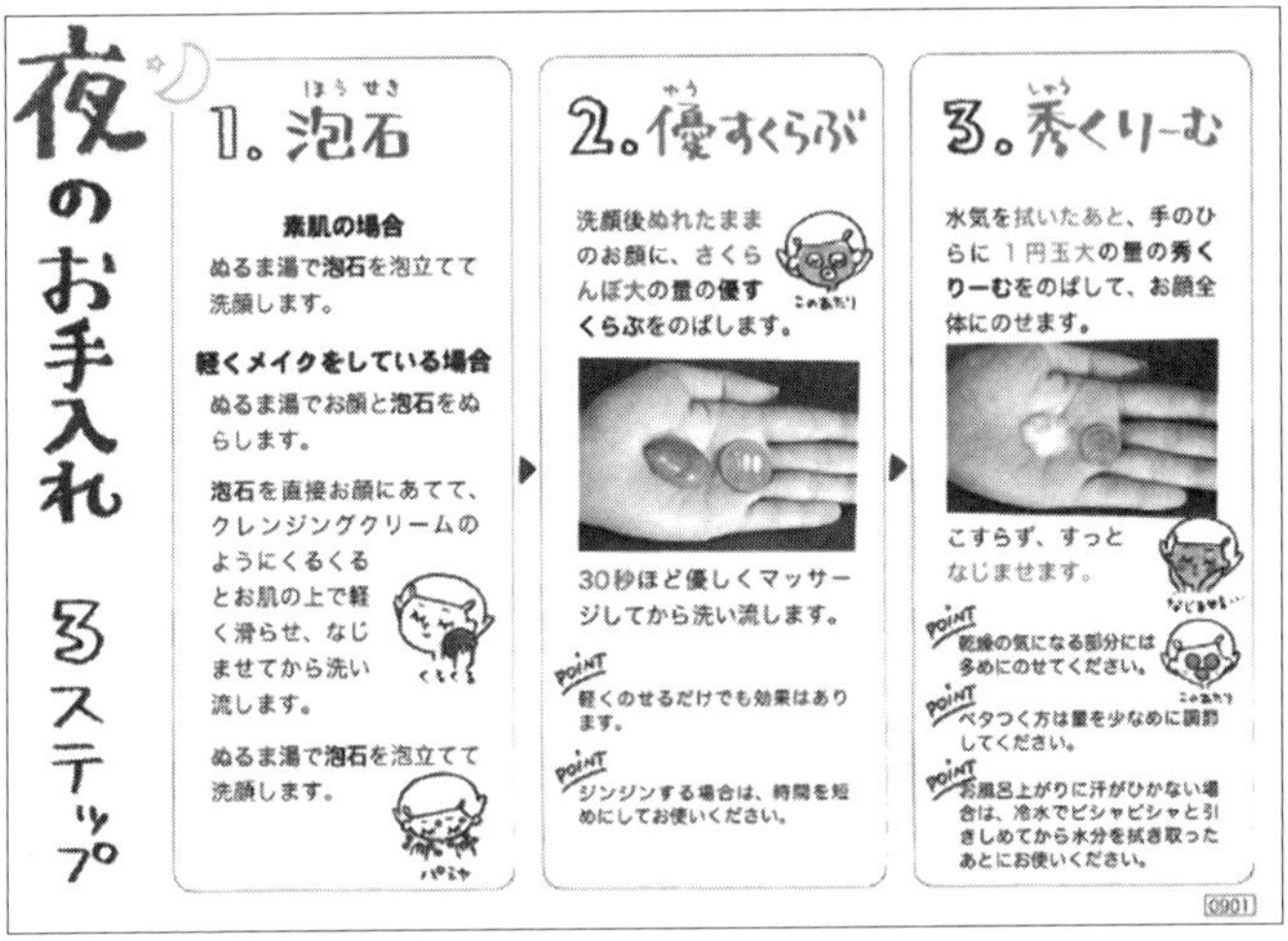

レシピ集

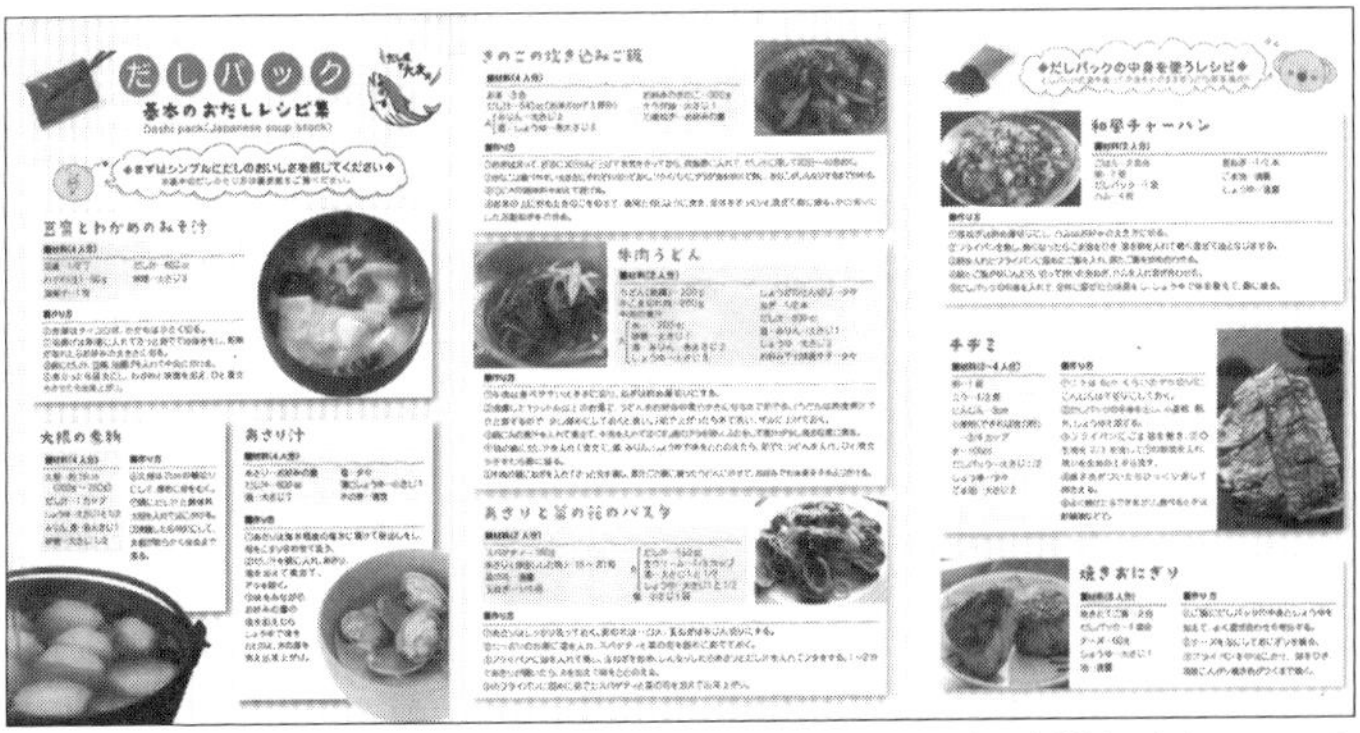

だし専門店 大友のツール

に力を入れました。

ある化粧品通販の会社では、使い方ツールを洗面所で水に濡れても大丈夫なようにコーティング加工をする工夫をして、利便性と保存性を高めています。

4 お客様の声ツール

ツールの中で、お客様に最も関心を持たれるのが、お客様の声を集めたものです。お客様は、商品を販売している会社よりも、実際に使っているお客様の声の方にどうしても関心を持ちがちです。皆様の中にも、楽天のようなモールで商品を選ぶときや食べログのような飲食店サイトでお店を選ぶ際に、レビューや評価の点数を確認している方が多くいるはずです。

お客様の声の紹介については、届いたハガキや写真を紹介するという形式や実際にお客様のご自宅を訪問してインタビューしたものを紹介するなど、さまざまな形式があります。その際にも、ただ紹介するだけでなく、社員からのメッセージも添えると、よりツールへの信頼度が増します。

ある化粧品通販の会社では、毎月お客様の声ツールを作成し、商品への同梱やＤＭに同封してお客様の手元に届くようにしています。もう10年以上継続して取り組んでいて、多くのお客様に商品が支持されていることが伝わっています。

お客様の声ツール

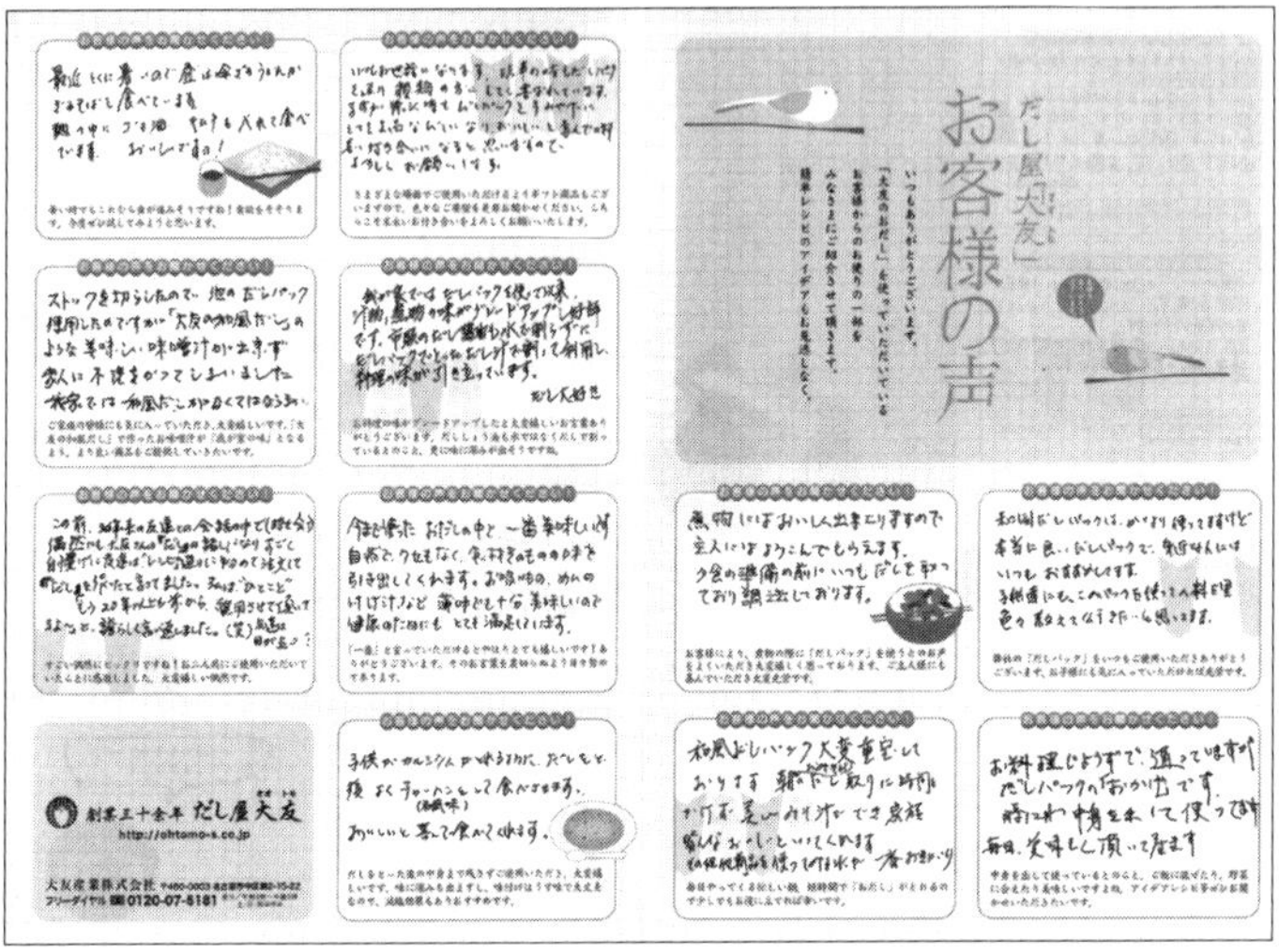

だし専門店 大友のツール

　また、ある美容系の健康食品を販売している会社では、毎月1回ハガキで届いた愛用者の声をまとめたツールと、年に4回、愛用者の笑顔の写真を紹介するツールを作成しています。

　この会社では闇雲にお客様の声を載せるのではなく、「2種類以上の商品を購入しているお客様の声」「定期コースを1回解約したが、再び復活したお客様の声」といったように、さまざまなテーマを設定しています。テーマ設定をすることで、お客様に読みやすく、かつわかりやすいツールにすることができます。

　お客様の声ツールは、お客様の関心も高いので、ぜひ継続してツールを作成するようにしてください。そして、その声を集めるためにも、必ず返信用のハガキを商品発送時に同梱してください。通販においては、お客様の声を集めることにコストを惜しんではいけません。

5 Q&A・申込書

お客様からよくある質問というのは、だいたい決まっているものです。なぜ質問がよくあるかというと、お客様にとって関心のある情報なのに、ツールやホームページで伝えられていないのがその原因です。よくある質問については、日頃から情報の蓄積が大切です。お客様と電話やメールでやりとりするスタッフの声を定期的に吸い上げ、社内で整理してQ&Aとして、ツールやホームページで情報発信していってください。表現する際には、文章だけではなく、スタッフの写真やイラストを活用すると読みやすくなります。

Q&Aは商品のことだけでなく、サービスや支払い方法の紹介等、お客様が関心を持つすべてのことが対象になります。商品や実施しているサービスについて、自分たちでは当たり前のことがお客様には伝わっていないということがよくあります。

ある健康食品通販の会社では、数年前から行なっているサービスについて案内を作って同梱したところ、お客様から「便利なサービスを始めたのですね」と問い合わせが入りました。何年も実施しているのに、お客様には伝わっていなかったのだなと実感することになりまし

Q & A

た。

　また、ある化粧品通販の会社は、WEB主体で販売をしているのですが、電話での問い合わせが多く、その原因はホームページでの表現のわかりにくさにありました。商品購入前に不安を感じたお客様が、ホームページ上の情報だけでは不安を解消できず、電話をしてきていたのです。

　次回の購入を促す申込書も、大切なツールのひとつです。申込書のポイントはわかりやすく、かつお客様が書く手間を少しでも減らすということです。リピートの際、お客様は申込書を使うとは限らず、電話やWEBで注文する方も多くいます。よって、申込書は単に郵便やFAXに対応したものではな

さまざまな工夫がされている申込書

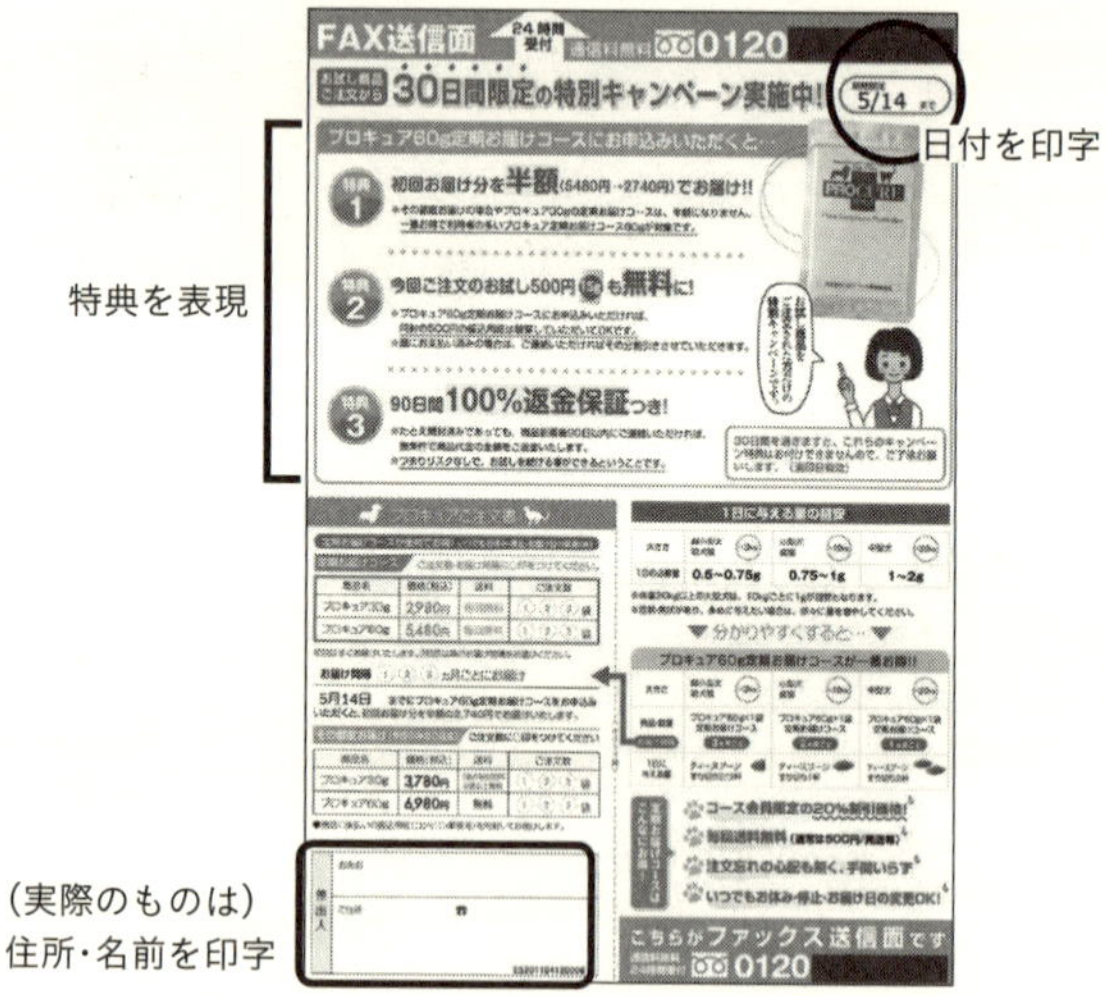

く、電話やWEBでの注文方法も一緒に記載しておくと、お客様にとっても便利です。

　ある健康食品通販の会社では、申込書にお客様の住所と名前を印字して、お客様が返送する際の手間を省けるようにしています。また、定期コースの特典とその有効期限を伝えるようにしていますが、その有効期限が「30日間限定」という表現だけだと曖昧なので、「○月○日まで」というように日付を印字して、より具体的に伝えるようにしています。

　ある健康茶の通販会社でも特典の有効期限については、申込書と封筒の表面に日付を印字するようにしています。ちょっとしたことなのですが、このようなひと手間で2回目購入の移行率を上げることができます。

申込書を見れば、その通販会社のスキルの高さがわかるとも言われています。会社として2回目購入の移行率を上げる工夫がされているか、お客様にとって使いやすいかという2つの視点でぜひ作成してみてください。

6 会報誌

お客様とのコミュニケーションツールになるのが会報誌です。リピートしているお客様に毎回、商品と納品書だけを送っていても味気ないので、コミュニケーションを取るためにも会報誌を発行していきます。

会報誌は、まずその目的を自社で整理することが大切です。各社、目的はさまざまで、「親しみを表現する」「健康・美容情報を伝える」「原料情報を伝える」「生産者の情報を伝える」「お役立ち情報を伝える」など、商品パンフレットでは伝えきれない情報や定期的に伝えたい情報を掲載しています。会報誌の発行自体が自己満足や惰性になったり、目的が不明確になったりすると継続できなくなるので、目的を常に意識しながら作成することが大切です。

ある化粧品通販の会社では、年に4回、商品で使っている原料の情報を発信しています。社員自ら生産者に会いに行き、原料の情報と生産者の写真を紹介しています。商品パンフ

会報誌／お客様とのコミュニケーションが目的

レットでは紹介しきれない情報を発信するのが目的です。

ある健康食品通販の会社では、毎月冊子物の会報誌を発行しています。高齢のお客様が多い会社なので、商品案内だけでなく健康情報も必ず伝えるようにしています。また、この会社ではクイズや塗り絵等、対象となるお客様が興味のある情報も併せてお届けするようにしています。

ある育毛剤通販の会社では、2種類の会報誌を発行しています。ひとつは毎月、社員がローテーションを組んで担当し、手づくり感あふれるデザインで、お客様の声の紹介や地元の情報などを伝えています。もうひとつは冊子物で、3ヶ月に1回、会社の情報や育毛アドバイスなどを16ページほどのボリュームで発行しています。

会報誌／原料情報を伝えている

会報誌は商品同梱、もしくは郵送でお届けしていますが、必ず商品案内と申込書を一緒に送るのがポイントで、商品購入のきっかけにもなっています。

会報誌はお客様が参加できるような企画があると、コミュニケーションも双方向で取ることができます。高齢のお客様が多い会社であれば川柳、写真や絵などを募集すると、徐々に応募が増えてきます。クロスワードパズルや間違い探しのようなクイズ等もよく使われています。また、お客様インタビューのように、実際にお会いした方の情報も、自分以外のお客様のことを知ることができて関心を持たれます。

スタッフの少ない会社は、毎月無理をして発行する必要はありません。サイズも「A4」1枚で構いません。自分たちが継続できる量と頻度をしっかり守って発行していってください。

7 スタッフ紹介

お客様に、会社への信頼や親しみを伝えるツールとして、スタッフ紹介があります。通販は対面と違って顔が見えないので、少しでも親しみを感じてもらうために必要なツールです。

ある健康食品通販の会社では、オペレーターの紹介に力を入れています。出身地、趣味や各オペレーターからのメッセージを紹介し、各人の個性が伝わるような工夫をしています。この会社からは商品だけでなく、オペレーターを売るという姿勢が伝わってきます。

スタッフ紹介／安心感の付与

※毛髪診断士…公益社団法人 日本毛髪科学協会 認定

髪について様々な悩みを持つ方々に対して私共70余名の毛髪診断士※の資格を持つスタッフがそのお悩みの解消に向けて誠心誠意お手伝いさせていただきたいと存じます。

ある育毛剤通販の会社では、オペレーターに毛髪診断士の資格を取ることを奨励しており、ツールやホームページでその情報を公開しています。お悩み商材なので、専門的に相談できるスタッフが数多くいるというのは安心感につながります。

スタッフ紹介については、会報誌や商品パンフレット等のツールの中で表現している会社もあります。お客様の中には、お電話での注文の際にスタッフ紹介がきっかけで親しく話しかけてくる方や、直営店やイベントに来た際にツールで見覚えのあるスタッフに声をかける方も出てくるなど、お客様との心理的距離も近づけることができます。

写真での紹介が理想ですが、嫌がるスタッフがいる会社では、イラストを活用して紹介しています。

ツールやホームページで、随所に人の顔が見えると安心感と親しみにつながっていきます。恥ずかしがるスタッフも励ましながら、みんなで前に出るようにしてください。

8 創意工夫してさまざまなツールを作成する

ここまで、最低限必要なツールを紹介してきましたが、お客様のためになるツールをどんどん創意工夫しながら作っていきましょう。ツールの種類の多さを気にする会社もありますが、まずは作ってみて、その後に整理・統合していきながら、情報量を減らすことなく発信

友人紹介ツール

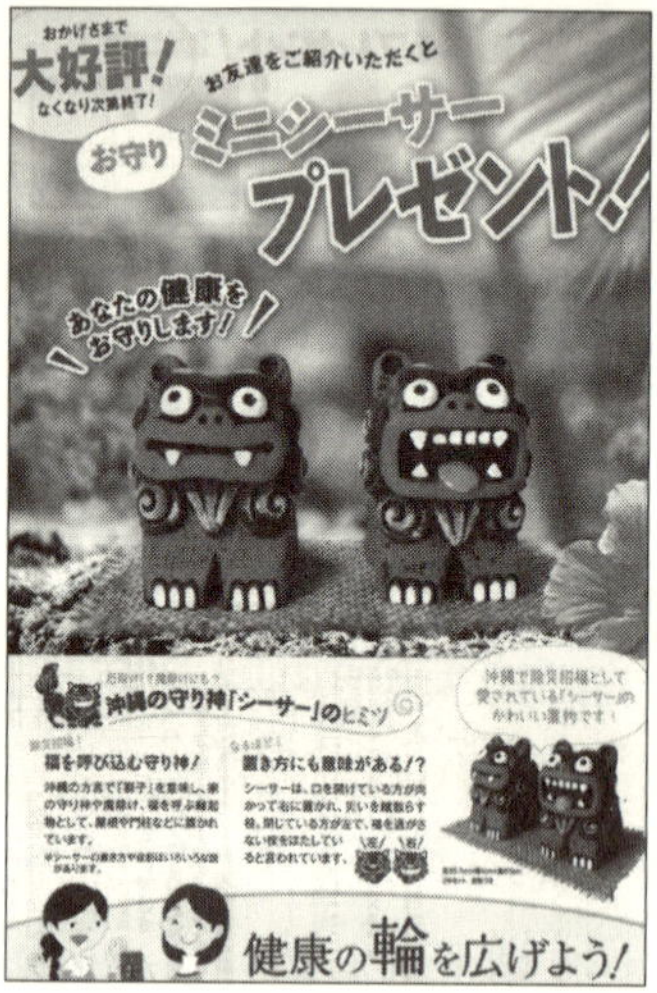

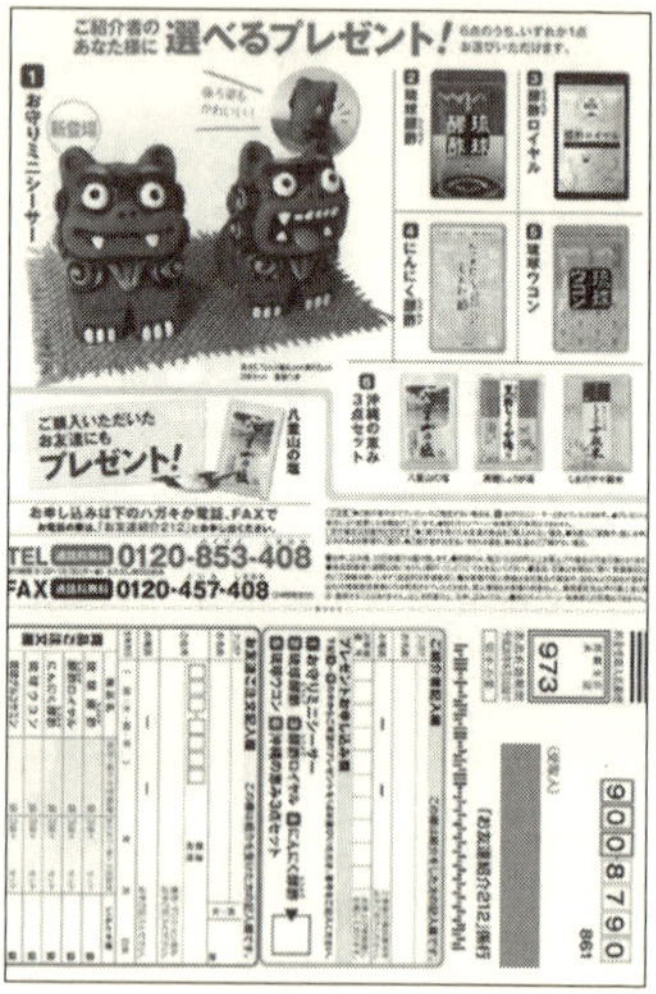

していきましょう。

たとえば、多くの会社で作られているのは「友人紹介」のツールです。商品を購入したお客様に、友人の紹介をお願いするツールです。紹介した友人が商品を購入してくれたら、お客様、友人双方に特典があるという条件でご案内をしていくのが一般的です。広告よりも費用がかからないのと、リピートしやすいお客様が獲得できるので、作る価値のあるツールです。

ある健康食品通販の会社では、お客様から気軽にお電話してもらおうということで、「気になることはありませんか?」「お気軽にご相談ください!」というツールを商品と一緒に発送するようにしました。高齢のお客様が多い会社なので、客

気軽な相談を促すツール

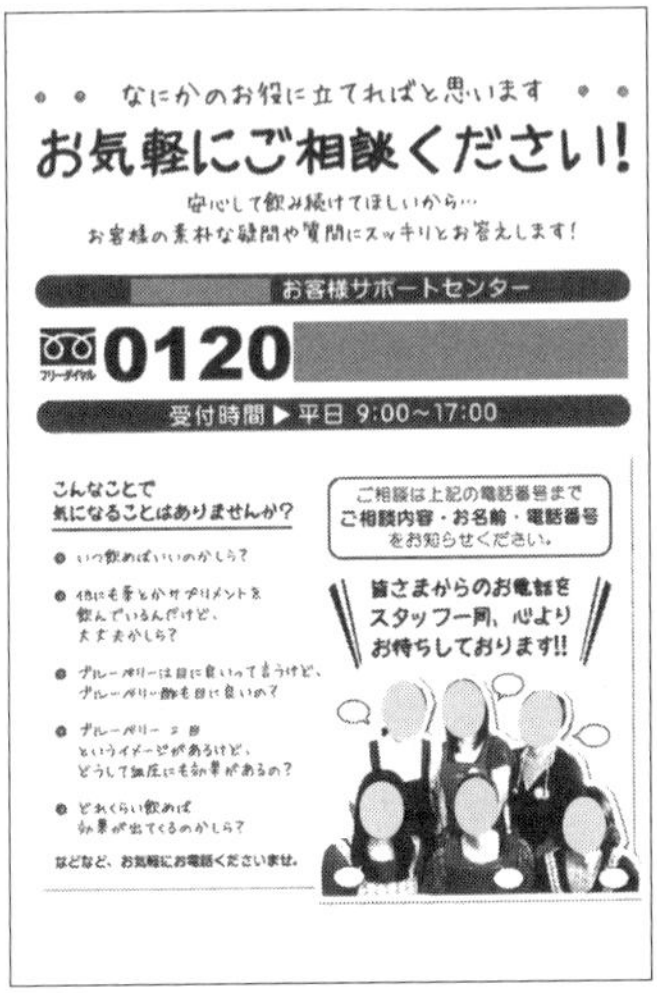

層に合ったデザインで大きな文字でわかりやすい作りになっています。

ある化粧品通販の会社では、「お引越しキャンペーン」というツールを時折、お客様へのDMに同封しています。これは、お引越しでDMや商品が届かなくなるお客様が一定割合いるため、事前にお引越しの情報をいただこうというのが目的です。

各社、目的を持ってさまざまなツールを作成しています。ぜひ、必要性を感じたツールについては積極的に作成していってください。

9 データ分析の考え方と重要性

通販ビジネスのよい点のひとつは、販売データが手元にあり、さまざまな分析が可能なことです。通販業界全般を見回しても、会社ごとに細かさに差はありますが、数字で物事を判断する習慣が身についている会社が多いです。

データ分析の目的は、現状把握、数字による明確な目標設定、仮説の設定と検証にあります。ある、リピートが弱い会社でミーティングをした際に、「自分達はリピートの強い会社だと思いますか？　弱い会社だと思いますか？」と質問をしたところ、多くのスタッフが「自社はリピートが強い」という回答でした。そこで、分析結果を見せて、他社よりもリピートが弱いという客観的な事実を伝えることにしました。スタッフの方々は、最初こそショックを受けていましたが、現実を知ったことで改善のきっかけとすることができ、自主的に打ち合わせを始めました。その後、改善の目標を設定し、前向きに施策を実施したところ、２回目リピート移行率を、３ヶ月で2倍以上に高めることに成功しました。

分析結果はなるべくグラフ化して、直感的にわかるようにするのがポイントです。分析結果を見る社員の中には、数字の羅列を見るのが得意な人と苦手な人がいます。苦手な人は数字の羅列を見ると思考停止してしまうため、せっかくの分析結果も活かすことができません。

分析結果は施策を考えるうえでのヒントなので、そのきっかけになるような見せ方や伝え方が大切です。

たとえば、「1年後の継続率は35％です」と伝えるよりも、「100人の新規客は1年後、35人が継続してくれています」と伝える方がわかりやすいのです。分析担当者は、聞き手がいかに理解しやすいか、その表現を考えることも大切な仕事なのです。

10 お客様の属性を分け、その推移を確認する

データ分析を行なう際にはお客様の属性を分けて、その増減の推移を見ることが大切です。一般的に通販業界では、RFM分析という考え方が主流です。最終購入日、購入回数、購入金額という3つの基準で、お客様を数値化して分類していく手法です。ただ3つの軸があるので、分析結果が多面的で直感的にわかりにくい点があり、中小企業の現場ではなかなか使いづらいというのが実態です。

そこで、本書ではよりわかりやすい分析手法を紹介します。まず、健康食品や化粧品のような、定期コースでの販売がベースとなる会社では、購入回数と購入金額の2つがほぼ傾向が類似するため、購入回数と最終購入日の2軸でお客様の推移を確認します。食品のような購入頻度が少ない商品を販売していて、1回で多く購入してくれるお客様を高く評価したい

顧客推移分析／ランク分けの概念(回数ベース)

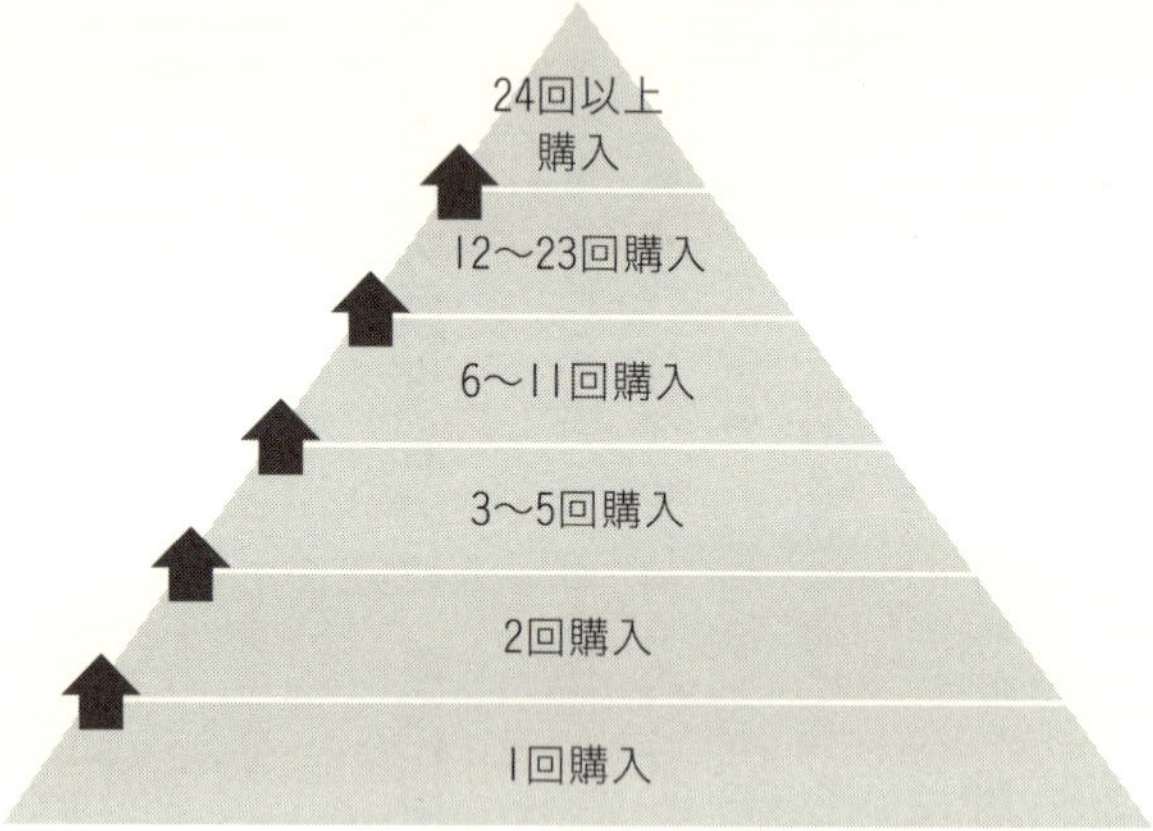
24回以上
購入
12〜23回購入
6〜11回購入
3〜5回購入
2回購入
1回購入

という場合には、購入金額と最終購入日の2軸でお客様の推移を確認します。

つまり、購入回数か購入金額のいずれかと最終購入日の2軸で見るという考え方です。

私は、お客様と会社の長いお付き合いを重視していますが、長いお付き合いは結果として購入回数と比例すると考えているので、購入回数と最終購入日の2軸での推移確認をお勧めしています。

推移確認の方法を、購入回数での分析を例に説明します。まず、購入回数をもとに「1回」「2回」「3〜5回」のように5〜6ランクに分けます。そして、最終購入日から○日以内なら現役客、○日以上経過したら休眠客というように分けます。休眠期間は健康食品や化粧品のようなリピート性の高い商品なら6ヶ月から8ヶ月、食品のようなリピート性の低い場合は12ヶ

顧客推移分析表(回数ベース)

購入回数でランク分け		B		A	A–B
	2016年8月	2017年8月	2018年3月	2018年8月	1年前比較
24回以上	39	79	84	112	33
12～23回	63	77	67	91	14
6～11回	123	187	146	229	42
3～5回	420	471	520	721	250
2回	378	460	458	635	175
1回	910	1,289	1,325	1,470	181
現役合計	1,933	2,563	2,600	3,258	695

リピート客の増加が重要

240日購入なしで休眠		2016年8月	2017年8月	2018年3月	2018年8月	
24回以上休眠	(240日)	4	18	40	35	17
12～23回休眠	(240日)	12	28	54	53	25
6～8回休眠	(240日)	64	96	175	144	48
3～5回休眠	(240日)	374	585	767	801	216
2回休眠	(240日)	611	891	1,140	1,190	299
1回休眠	(240日)	2,501	3,467	4,378	4,812	1,345
休眠合計		3,566	5,085	6,554	7,035	1,950
顧客合計		5,499	7,648	9,154	10,293	2,645

※数字はイメージ
※休眠期間は各社で自由に設定してよい

月から14ヶ月が目安です。購入回数1回の現役客は「1回」、休眠客は「1回休眠」のように分類します。その上で、各ランクの人数を時系列で把握していきます（前頁の顧客推移分析表を参照）。

この分析では、リピート客の人数が増えているかどうかを時系列で確認するのがポイントです。購入回数2回以上の現役客が増えていれば順調、増えていなければ原因の仮説を立て、その対策を練る必要があります。

この分析手法の長所は、基準がシンプルなので、経営者から現場スタッフまで一目瞭然でお客様の動向を把握することができます。さらに全体の数字を把握したら、細分化して見ていくと、より具体的な傾向がつかめます。たとえば、自社サイトと楽天等のモール、商品のカテゴリー別等の分け方をし、それぞれの傾向を見ていくと現状と課題がより具体化していきます。

11 分析結果の見るべき指標

リピートの力を測るうえでは、お客様の増減推移の他に見るべき指標は、購入回数別の移行率になります。購入回数別の移行率では2回目移行率、3回目移行率、6回目移行率を算出し、その増減の傾向を見ていきます。

その他に見るべき指標としては、客単価、1年ＬＴＶ、年間平均購入回数、定期コースがあれば、1年後継続率といったものがあります。

客単価＝売上げ÷受注件数、1年ＬＴＶ＝年間売上げ÷年間購入者数、年間平均購入回数＝1年ＬＴＶ÷客単価で算出します。定期コースの1年後継続率は、ある月に定期コースに入会したお客様の人数が1年後、何人継続しているかを計測します。

リピート客の育成は、多くの施策を積み重ねながら実施していきます。広告と違って成果がわかりにくいので、継続して数字を見ていく必要があります。その中でも、6回目移行率の数字が上がっていれば、実施している施策は間違っていないと判断することができます。

ある健康食品通販の会社では6回目移行率、定期コースの継続率を計測したところ、継続して数字がよくなっていることがわかりました。広告の反応もよく、新規客も順調に増えていた時期だったので、一気に広告費を増やす決断をして、売上アップに成功しました。リピートの数字の裏付けがあったので、経営者としても決断をしやすかったのです。

もし、分析が苦にならないという会社であれば、新規受注の媒体別の1年ＬＴＶ（紙、ＷＥＢ）、商品別の1年ＬＴＶ、お客様の年代別の1年ＬＴＶ等も見ていくと、自社の事業構造をより深く理解できます。

ある健康食品通販の会社では、媒体別の1年ＬＴＶを算出し、媒体別に目安のＣＰＯ（新規客獲得コスト）を設定しています。この会社では、新聞広告はＴＶ広告よりも1・5倍ＣＰＯ

が高くても1年LTVから見て、広告費が回収できるので合格というような目標設定をしています。このように細かく数字を見ることで、媒体活用の幅を広げることができます。

12 データ分析を活用した施策事例

データ分析は単なる現状把握だけではなく、売上アップにもつなげることができます。
ある健康食品通販の会社では、初回に商品Aを購入後、3回目以降に商品Bを購入しているお客様の継続率が高いことをデータ分析から発見しました。この発見により、商品Aの購入者には速やかに商品Bを案内するという施策が形になり、リピート客数の増加につなげることができました。

DMやメールも全体の反応率だけでなく、お客様の属性別に反応率を見ることで、無駄な費用をかけなくてすむようになります。購入回数、最終購入日、購入金額といった条件で属性を分けていくと、反応率の違いを確かめることができます。

ある化粧品通販の会社では購入回数が多かったのに、現在休眠になっているお客様をピックアップし、直筆の手紙を送ることにしました。内容は、特に割引等のオファーもつけずに商品や会社を思い出してもらうことを目的にしたのですが、約10%のお客様がこの手紙をきっかけに再購入に至りました。

購入回数が多くて休眠しているお客様向けの手紙

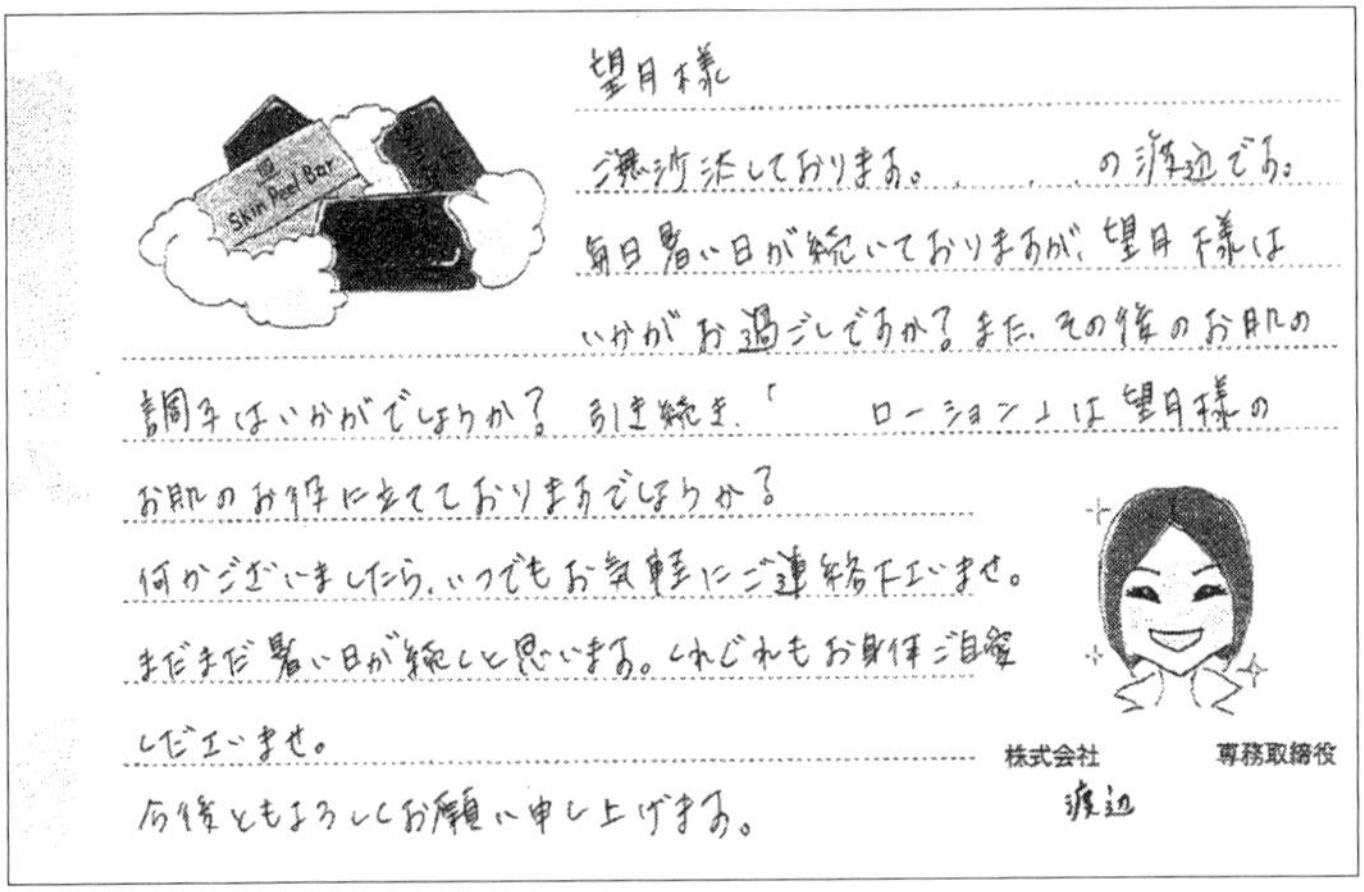

望月様

ご無沙汰しております。　　　の渡辺です。

毎日暑い日が続いておりますが、望月様はいかがお過ごしですか？また、その後のお肌の調子はいかがでしょうか？引き続き「　　ローション」は望月様のお肌のお役に立てておりますでしょうか？

何かございましたら、いつでもお気軽にご連絡下さいませ。

まだまだ暑い日が続くと思います。くれぐれもお身体ご自愛下さいませ。

今後ともよろしくお願い申し上げます。

株式会社　　　専務取締役

渡辺

闇雲に休眠客に手紙を書いていたらたいへんですが、このように、分析により対象を絞ることで効率的に売上アップにつなげることができます。

ある食品通販の会社では、お客様を都道府県別に分けて、２回目購入の移行率について分析してみました。すると、地元の県と隣接する県のお客様の移行率が突出して高いことがわかりました。このことから、地元での認知度や直売店への来店経験も影響しているのでは、という仮説が立ちました。そこで、地元への広告は効率がよくないと止めていたのですが、２回目購入の移行率の高さから採算が合うと判断して再開することにしました。

ある化粧品通販の会社では、お誕生日登録のあるお客様と登録のないお客様の継続率を分析したところ、お誕生日登録のあるお客様

属性別に反応率を確かめる

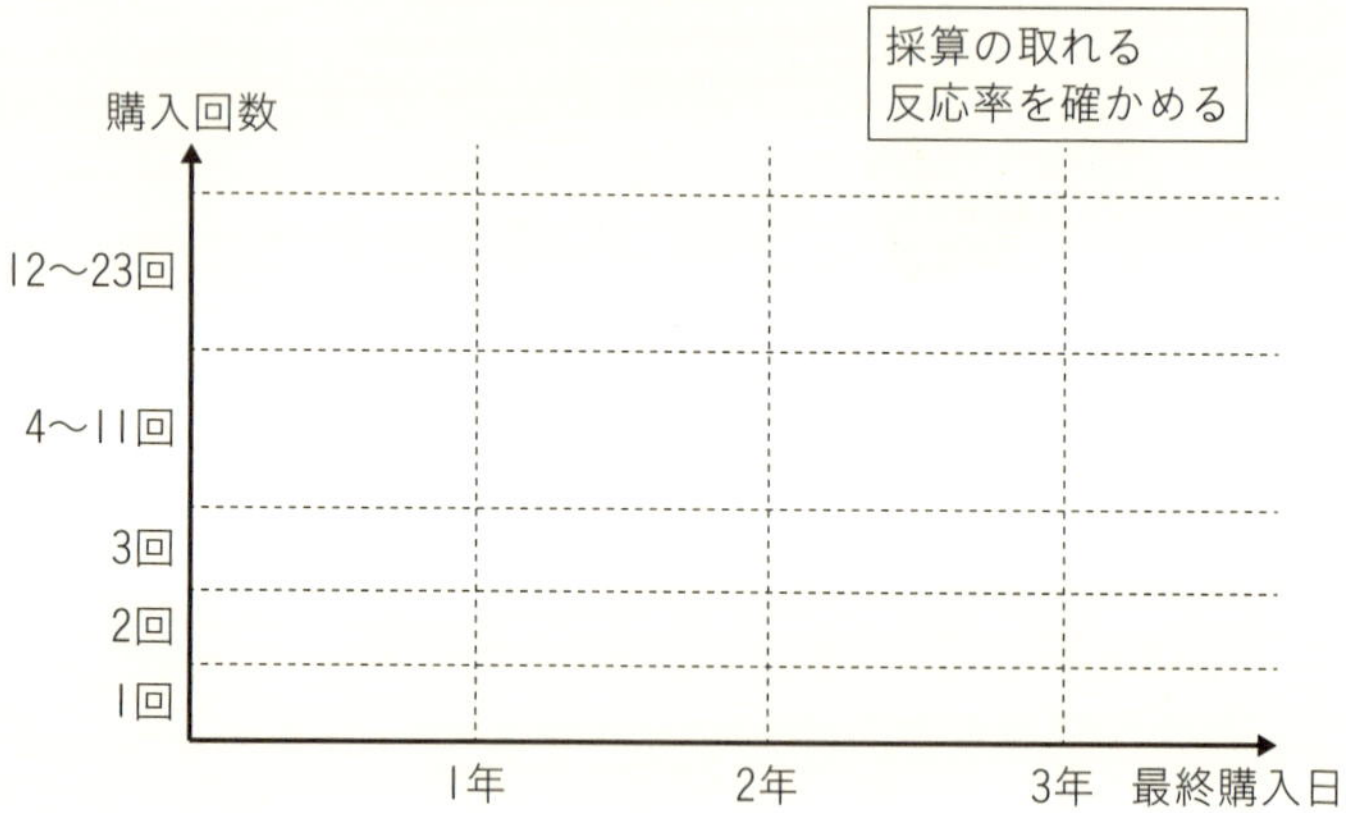

の方が継続率がよいという傾向を発見しました。

そこで、お誕生日登録を促す施策とお誕生日に新たな施策ができないかを考えて、実行することにしました。このように、この条件で何か差が出ないかなと分析してみたり、思い浮かんだ仮説から分析を始めてみて、新たな発見があるとそこから新たな施策を行なうことができます。

販売データの中には、ヒントが数多く眠っています。複雑な分析をしなくても、前述の事例のようなちょっとした気づきから、ある傾向を確認することができます。お客様の年齢、住んでいるエリア、購入した商品、購入回数、最終購入日など、さまざまな切り口があります。

何かヒントが見つかったら、まずは仮説を立ててみます。そして、その仮説に基づきテストをして検証してみることが大切で、その繰り返しが、自社の売上アップに貢献していくのです。

column

独自性のある「ごぼう茶」を開発し、商品力を強みとして通販参入

――株式会社あじかん（広島県）

通販ビジネスは、テクニックやノウハウに着目する人が多く、商品なんて何でもいいと公言する人もいます。テクニックを駆使して、短期的に売上げを上げる会社もあるかもしれませんが、長期的に事業を営んでいくためには、何よりも商品力が大切です。独自性のあるこだわりの商品を開発し、販売していくことが成功のポイントなのです。

株式会社あじかんは、広島県にある食品メーカーで業務用の玉子焼、かに風味蒲鉾、野菜加工品の製造を行なっており、創業56年（2018年時点）の歴史ある会社です。新規事業のシーズとして、ごぼうの機能性に着目して、2006年に本格的にごぼう茶の研究、開発を始め、4年の歳月をかけて商品化に漕ぎつけました。

2010年12月に、国産のごぼうを原料とした自社の焙煎技術で製造したごぼう茶の通信販売を始めました。当初は、WEBでの販売のみで、独学で通販を学びながら見様見真似で販売していました。ちょうどこの時期、テレビの情報番組等でごぼう茶を取り上げられることが多くなり、徐々に商品は売れていきました。

コールセンターは、発売当初から地元にある外部のコールセンターに委託し、お客様からの問い合わせには自社のスタッフが対応しました。商品の梱包、発送も当初は自社で行なっていました。

テレビで取り上げられるのはありがたいことでしたが、それもいつまで続くかはわかりません。安定した新規客を獲得するために、2011年からは新聞広告、雑誌広告の出稿を始めました。広告出稿を始めた後も、しばらくはテレビでの情報発信もあり、安定した新規客の獲得ができ、初期に事業の基盤ができました。

広告出稿と並行して取り組んだのが、リピート客を育成する体制の構築です。商品パンフレットを作り直すとともに、定期コースのルールの見直しやさまざまな同梱ツールやDMを制作していきました。商品パンフレットのような作り込みが必要なものは、外部の制作会社を起用し、その他の同梱ツールやDMは社員が作成しました。

同梱ツールやDMの制作は、女性社員が中心となって行ないました。創意工夫を重ねながら作られた

ごぼう畑

ツールは、他社も参考にして真似するほど上手にでき上がっています。彼女達の地道な取り組みが、後の事業拡大を支えることになります。

　また、コールセンターでの定期コース誘導にも力を入れました。前述したように、外部のコールセンターに委託していたのですが、数字目標を与えてプレッシャーをかけるだけでなく、一緒に改善を図っていきました。具体的には、毎週定例の打ち合わせを重ねて施策を考える、コールセンター内での成功トーク事例の共有、オペレーターにロープレの実施等を行ないました。

　オペレーターには、ごぼう茶の製造工場を見てもらい、商品理解を深めてもらいました。また、オペレーターを会社の忘年会に招いて交流を図るなど、パートナー会社の方も自社の社員のように接しているので、自然と距離感は近くなります。定期コースの誘導率が高いオペレーターの方に話を聞くと、「自分は心の底からこのごぼう茶をおいしいと思っているので、ただそれをお伝えしているだけです」とのことでした。

　社員も、最低でも月に1回以上コールセンターに足を運び、オペレーターとお客様の会話を聞くようにしています。会話を通じて、お客様のことを知ることができるのと、コールセンターの応答品質を保つことができます。この取り組みは、現場社員だけでなく役員、部長といった役職者も行なっており、

商品パンフレット

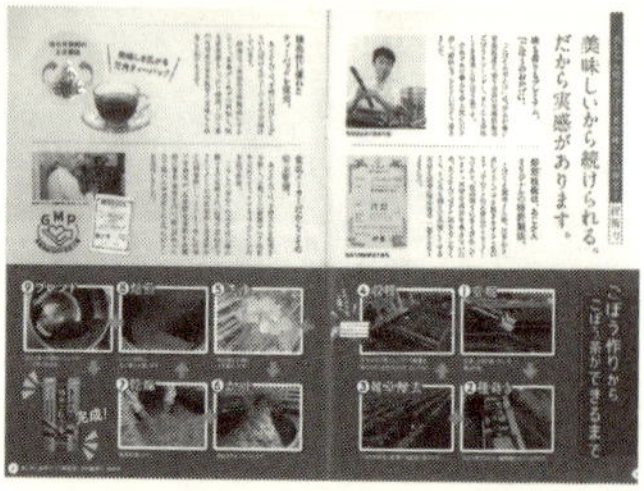

定期コースのお客様への情報発信

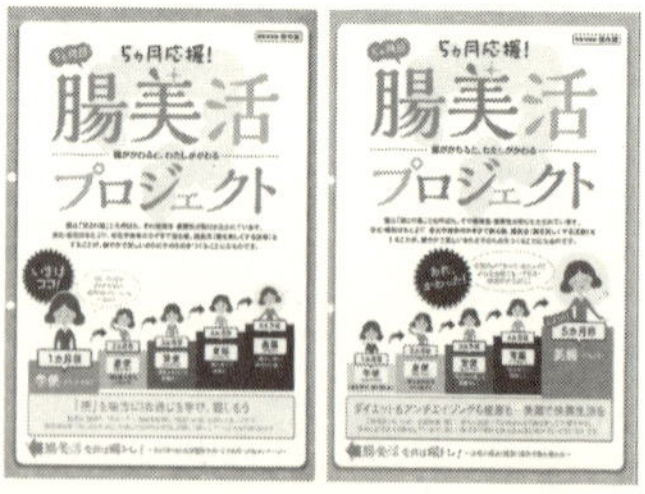

会報誌

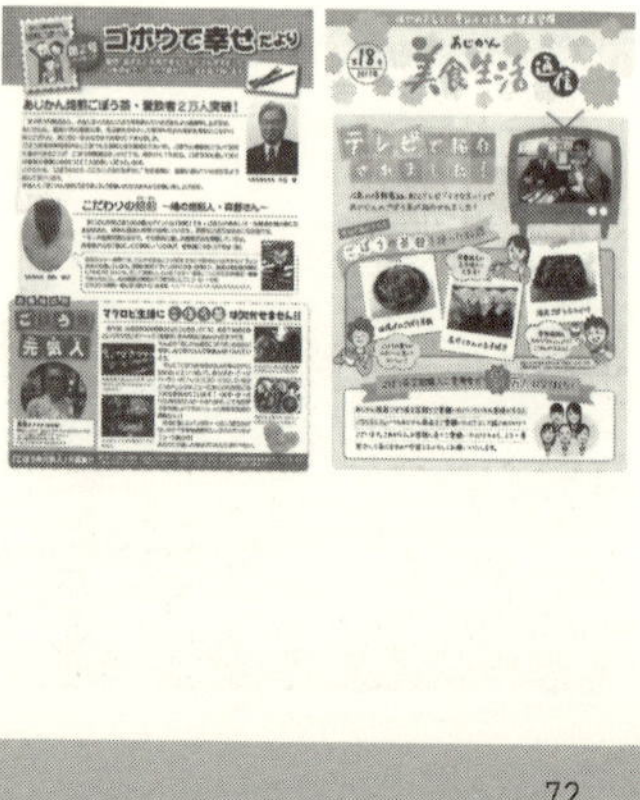

事業部全体の方針として行なわれています。
　リピート客の育成については社内体制の整備、コールセンターのスキルアップ、同梱ツールの充実等により、毎年着実に数字がよくなっていきました。販売データを分析してみても、定期コースの誘導率、継続率は同業他社と比較してもよい数字が出ていました。
　そこで、リピートの数字がよいことを前提として、事業拡大に向けて広告予算を増やしていく方針を立て、従来の3～4倍の広告費を投入することにしました。ＴＶコマーシャルの反応がよいうえに、リピートの数字も安定していたので、ここから数年で一気に売上げを伸ばすことができました。新規とリピートの両輪がまわって、初めて安定した売上拡大ができます。２０１7年末には通販年商20億円を突破し、定期コース会員は9万人、ごぼう茶事業に携わる社員は40名に増加しました。

アレンジレシピ

　ごぼう茶は、マーケットインではなく、プロダクトアウトで開発された商品です。もともと、ごぼうを焙煎してお茶のように飲める商品がほしいと思っていた消費者が数多くいたわけではないので、市場調査を繰り返したとしても、決して商品開発には至らなかったでしょう。まだ、世間に認知されていない商品でしたが、味にこだわり飲みやすいおいしい商品に仕上げたことが、何よりも成功要因と言えます。さまざまな施策も商品力があってこそで、ノウハウやテクニックの前に、商品力がすべての出発点であることを学ぶことができます。

お客様の声を社内で掲示

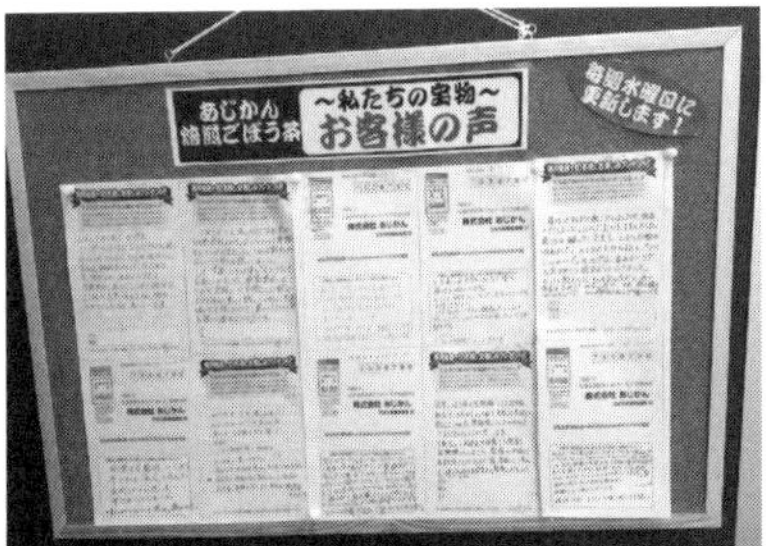

4章

仕組みによるリピート促進

1 仕組みによるリピート促進の考え方

お客様は、よほど気に入った商品でない限り、何かのきっかけがないとリピート購入には至りません。そのため、会員制度や定期コースのように、お客様が購入を続けるとメリットがあるという設計で仕組みを構築して、お客様にリピート購入を促すことが大切です。

どんなに商品がよくてお客様対応がすばらしくても、仕組みがないとリピート購入者は限られてしまいます。仕組みの有無は、リピートの数字を大きく左右させるのです。

ある健康食品通販の会社では定期コースがなく、年に2回、まとめ売りキャンペーンDMを送るという施策を行なっていました。DMを送った月は売上げが上がるのですが、翌月からまた下がるという繰り返しで、売上げも徐々に減少していきました。そこで、ある月から定期コースを導入したのですが、翌月から売上げが上がり始めました。そこから、いかに継続して購入してくださるお客様を逃していたかが確認できました。

ある化粧品通販の会社でも、年に4回まとめ売りのDMを発送するだけで、定期コースがありませんでした。化粧品に定期コースは合わないのではという意見もあり、検討に時間をかけました。1年後、ようやく定期コースを導入したのですが、翌月から順調に売上げが上がり始め、その後の事業拡大に大きく寄与しました。

2 会員制度・ポイント制度を利用する

お客様が、特定のお店や会社から商品を買えば買うほどお得があるというのが、リピート施策の基本となります。その観点から、会員制度やポイント制度を活用することは大切な取り組みです。特に、定期コースや頒布会の設計をしづらい商品を販売している会社では、有効な取り組みと言えます。

会員になると送料負担が減る、購入回数や金額によってポイントが貯まる、割引率が上がるというような特典を用意します。購入回数が増えるにつれて、他店で購入するよりもお得になっていくので、結果として継続するお客様が増えることになります。

ある健康茶通販の会社では、購入回数に応じて割引率がアップするような設計にしています。購入回数の多いお客様には、感謝の気持ちとして還元をしたいという気持ちが根底にあり、還元の仕方としても公平性があります。

会員制度のひとつとして、ランクアップ制度を設計している会社もあります。購入金額に応じてランクが上がり、特典が用意されたり、割引率が上がったりします。これは航空業界のマイレージがイメージしやすいでしょう。

ポイント制度については、お金で還元する方法と商品やオリジナルの非売品と交換する方法があります。商品数の多い会社では、お客様の購入金額も増えやすいので、お金での還元は有効です。しかし、商品数が少ない会社ではポイントもなかなか貯まらず、お金での還元にお客様があまり魅力を感じない場合があるので、その場合は商品や非売品等との交換の方が有効です。

ある化粧品通販の会社では、ポイントは自社製造のオリジナル非売品と交換できる仕組みになっています。お客様に人気の非売品があるのですが、販売してほしいという要望がどんなに来ても、決して販売はしないことにしています。そのため、お客様もその非売品ほしさにポイントを貯めるという動きにつながり、結果としてリピート促進につながっています。

また、点数シールを活用している会社もあります。商品送付時にシールを同梱し、貯まったシールの枚数に応じてプレゼントがもらえる仕組みです。大手製パンメーカーがシールを貯めるとお皿と交換できるというサービスを長年行なっていますが、直にシールが貯まっていくことが実感できるのが、お客様に好評の要因です。

また、ある化粧品通販の会社では、電話での受注業務を減らすためにWEBでの注文のお客様はポイントが多く貯まるような設計をしています。このように、業務の効率化にもポイント制度を活用することもできます。

定期コースをリピート施策のベースにしている会社で、さらにランクアップ制度やポイント制度を活用している会社もありますが、割引や特典が過多になる傾向があります。定期コース、ランクアップ制度、ポイント制度と割引が重なっていくので、安易に設計すると収益を圧迫することになります。自社の収益構造から、事前にどこまで還元できるか確認のうえ、慎重に設計してください。

3 定期コースを設計する

お客様が、その商品やサービスを利用することが習慣化すると、自然とリピート購入につながっていきます。その習慣化を促すひとつの仕組みが定期コースになります。通販業界では、この仕組みを活用して多くの会社が売上げを伸ばしてきました。定期コースがなければ、ここまで会社が大きくなることはなかったと振り返る人もいるほど、売上アップにインパクトを与えることができます。リピート性のある商品を持っていて、定期コースのない会社は最優先に取り組むべき施策です。

定期コースとは、毎月1回商品をお届けするというのが一般的で、継続購入を約束する代わりに、通常購入よりも金額を割り引いて商品を購入することができます。健康食品や化粧品、リピート性の高い食品の販売ではよく使われる仕組みです。

定期コースというと、健康食品のイメージが強いのですが、化粧品や味噌、醤油、だしといったリピート性の高い食品は定期コースの設計が可能で、実際に売上アップにつながって

定期コースの案内

います。

定期コースのメリットは、安定した売上げが見込めること、お客様も安く購入できること、リピート促進のＤＭ費用等が不要といったことがあげられます。特に、会社経営をしていて安定した売上げがあるというのは精神的にも余裕が生まれるので、焦らずに施策を考えることができます。

デメリットは、安定したリピート売上げが立つため、社員が施策やお客様のことをあまり考えなくなることです。定期コースの売上げに満足せず、よりお客様が喜ぶ施策がないかを常に考えたいものです。

定期コースの誘導が上手にでき、かつ継続率も高いと、売上げを順調に増やすことができます。新規客の○％が定期コースへ移行するといった数字や、１年後にも○％

が定期コースを続けているといった数字が見えると、その数字を目安に広告投資を行なうことができるので、根拠を持って売上拡大を目指すことができます。ＣＰＯ（新規客獲得コスト）、客単価、定期誘導率、継続率の４つの数字があれば、おおよその試算はできるようになります。

一方で、意図的に定期コースであることをわかりにくく表示して、お客様が認識不足のまま定期コースに入会していたり、電話をつながりにくくして解約しづらい体制にしていたりする会社もあります。定期コースという仕組み自体が悪いわけではないのですが、このような会社が存在する以上、定期コースをお客様に案内するにあたっては、ルールをわかりやすく表現し、かつ問い合わせには丁寧に対応することが大切です。

4 小さなお店や会社でもできる定期コースの運用方法

事業規模が小さい会社やお店でも、定期コースの活用は売上アップに寄与します。商品力に自信のある会社やリピート性の高い商品を販売している会社であれば、ぜひ活用することをお勧めします。

ある個人経営の自然食レストランでは、健康食品の販売を行なっていますが、当初、なかなか売上げが上がらず苦労していました。お客様ごとに、リピート購入の案内をしていまし

定期コースのアナログ管理（ファイルで発送日を管理）

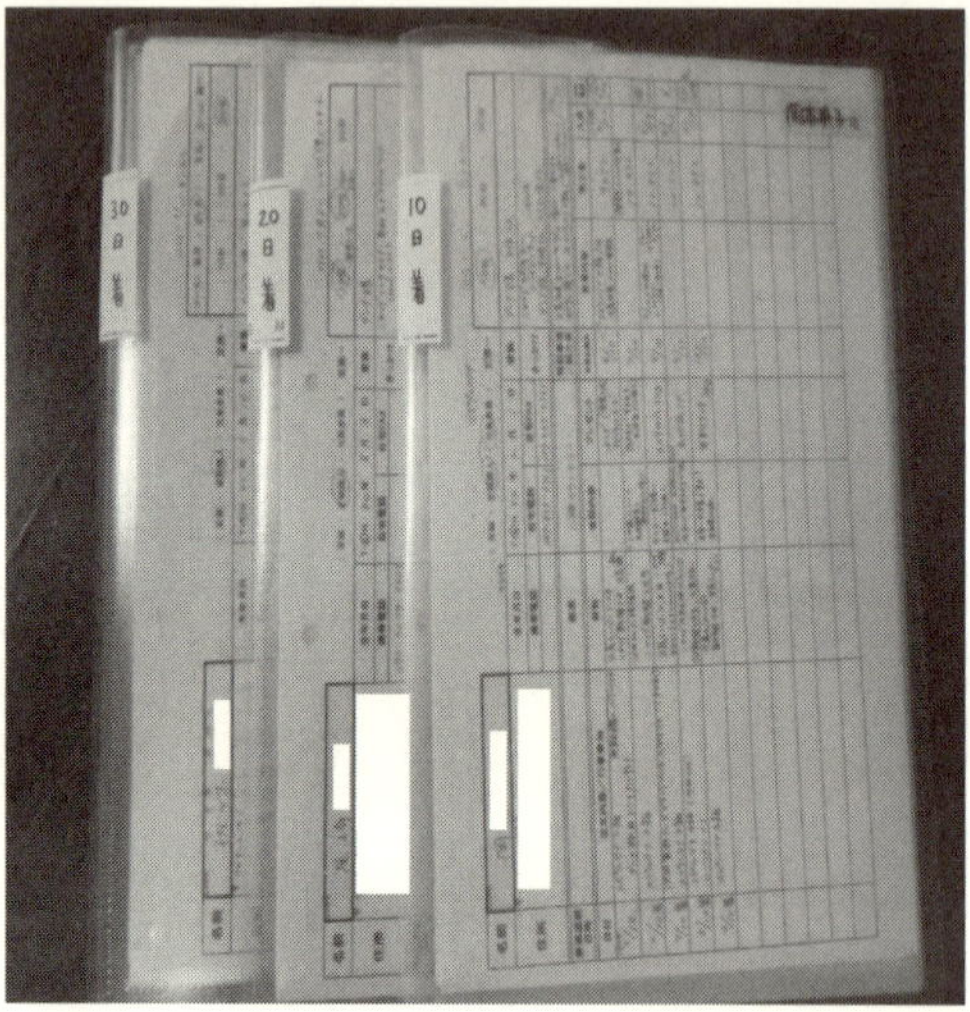

たが、忙しさの中でなかなかフォローもできていませんでした。そこで、ある年から定期コースを設計し案内を始めたところ、リピートの売上げを飛躍的に増やすことができました。お客様全員のフォローは難しくても、定期コースのお客様だけなら人数にも限りがあり、フォローもできるようになりました。

定期コースのお客様には、毎月、手書きのメッセージカードを発送したり、レストランで発行している会報誌を入れてコミュニケーションを図っています。現在では、定期コースのおかげで、本業のレストランと並ぶ売上げの柱にすることに成功しました。

小さなお店や会社の方に定期コースのお話をすると、運用を心配してためらう方が多くいます。実際に、定期コースの運用は毎月いつ、誰に、何を、何個発送と管理をしなくてはならないので、一見たいへんそうに感じられます。お客様の数が多ければ、その運用もパソコンで管理しなくてはなりませんが、小さなお店や会社で定期コースの人数も少なければ、あえてパソコンを使わない方がミスをせず運用できます。

たとえば、お客様ごとに定期発送用の管理シートを作り、お客様の個人情報、商品名、数量、発送日等を記載します。そして、そのシートを発送日ごとに分けて棚や箱に置いておくというアナログな管理をすると、発送ミスもなくスムーズに運用できます。発送日も10日、20日、末日のように、月3回と決めてしまうと運用も楽になります。自社の対応できる範囲を明確にし、その中で定期コースのルールを作り運用していくことが大切です。

パソコンでの管理を前提にすると運用もたいへんですが、アナログ管理でも大丈夫とわかれば、心理的なハードルは下がるはずです。

5 頒布会を設計する

定期コースと並び、定期的に商品をお届けする仕組みとして頒布会があります。頒布会は、毎月違ったテーマの商品が届くという仕組みで、食品の販売でよく使われます。食品業界はお中元、お歳暮といったギフト需要が減少傾向にあり、自家需要を伸ばす必要があります。

頒布会の案内メール

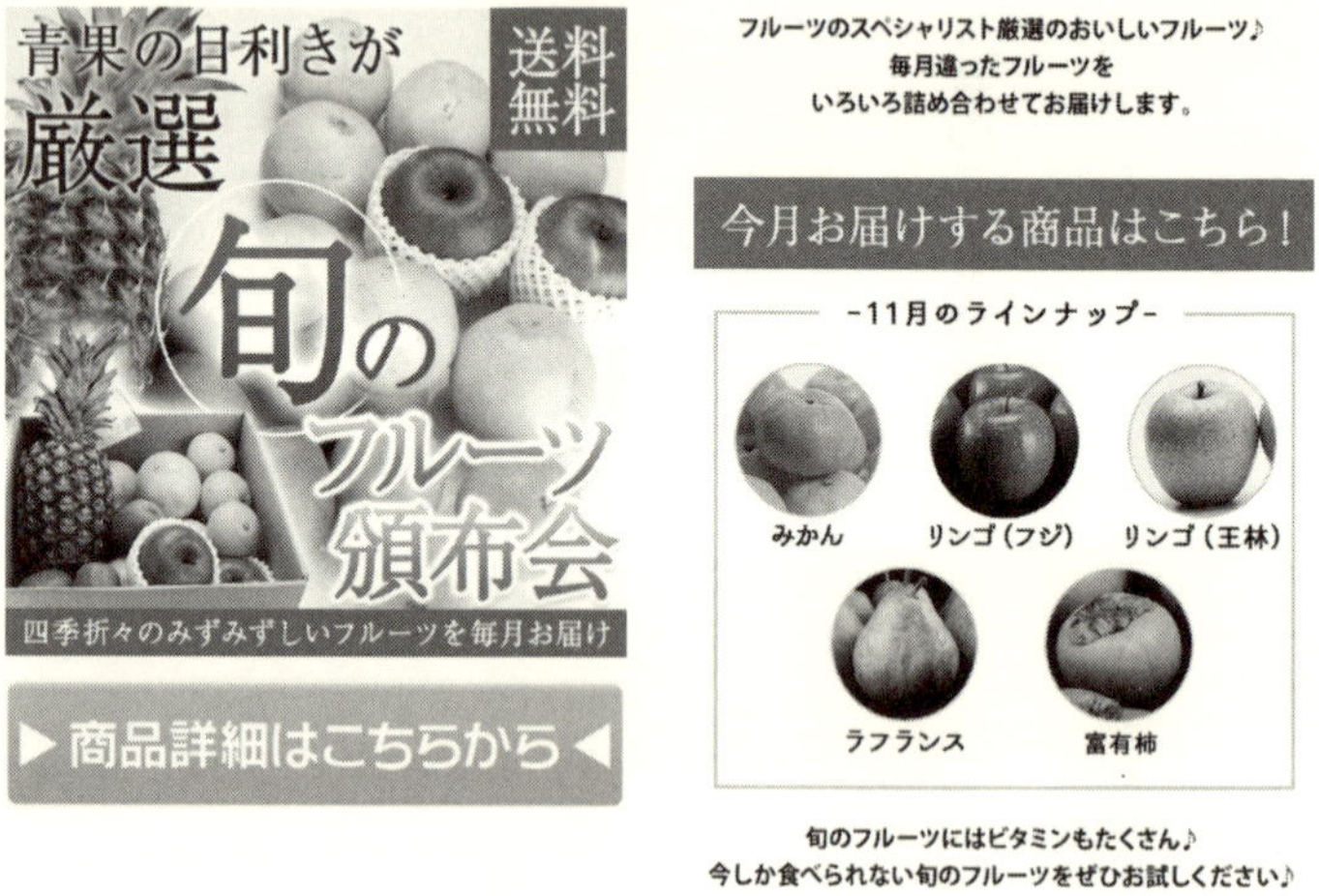

そのための方策として、定期コースや頒布会を設計する会社が増えてきています。

ひとつの商品を毎月届ける定期コースと違って、頒布会は毎月違うものが届くので、会社の提案力が問われることになります。上手に売上げにつなげている会社の事例を見ると、ワイン、日本酒、ケーキ、果物、野菜などの商品で、各社とも自社の強みを活かしたさまざまな提案を行なっています。特に、お酒やケーキ等の嗜好品は、毎月違う商品が楽しめるというワクワク感、楽しさをお客様に提案することが大切です。

ある食品通販の会社では、フルーツの頒布会を提案しています。毎月スペシャリストが、旬のフルーツを厳選してお届けするというコンセプトで案内をしています。フルーツのように、旬に合わせた商品提案ができるのは、頒布会向きの商材と言えます。

頒布会の設計も、1年間だと12回送ることになるので、企画や商品の手配も大変です。これから始める会社は、まずは3ヶ月、6ヶ月という短い期間で提案することをお勧めします。ある食品通販の会社は、冬の時期の3ヶ月間だけ農家と契約して、りんごの頒布会を提案しています。お届けしているりんごの品質が、お客様の評判がよく、毎年着実に申込者が増えていっています。

頒布会は商品の企画力や仕入れ力が問われるので、気軽に取り組むと、始めてから苦労することになります。商品を揃えるのに精一杯だと、せっかくお届けしてもお客様の満足が得られず、解約につながってしまいます。また食品の場合、生産量や製造量に限りがある場合もあるので、十分に確認してから取り組む必要があります。

6 お客様の買いやすさを優先する

お客様の商品購入の方法も多様化してきているため、さまざまな販売チャネルを持つことが重要です。WEBであれば、自社サイトだけでなく、楽天、ヤフーショッピング、アマゾンといったモールへの出店も必要となってきます。背景としては、自分の保有しているポイントが貯まるチャネルで、商品購入をするお客様が増えてきていることがあげられます。広

後払い代行サービス

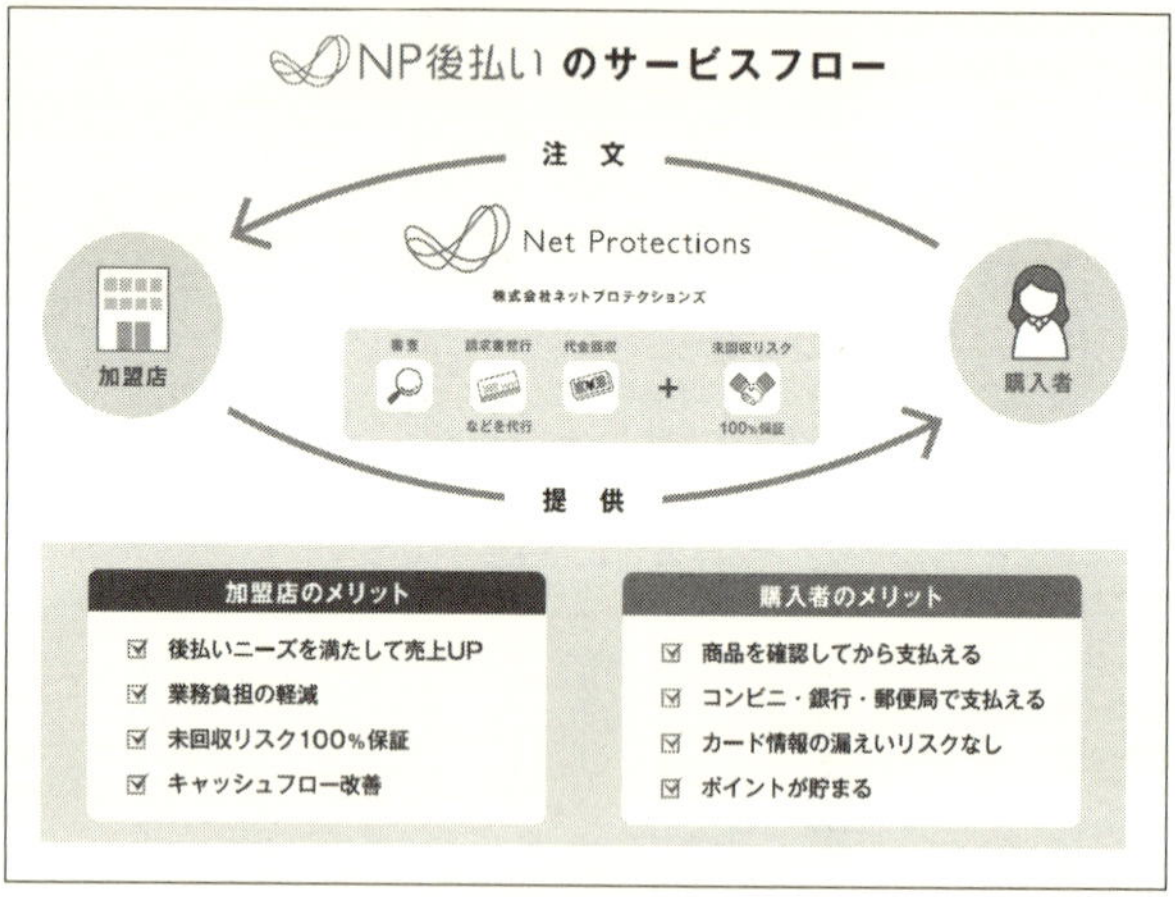

株式会社ネットプロテクションズ資料より

わかりやすい利用ガイド

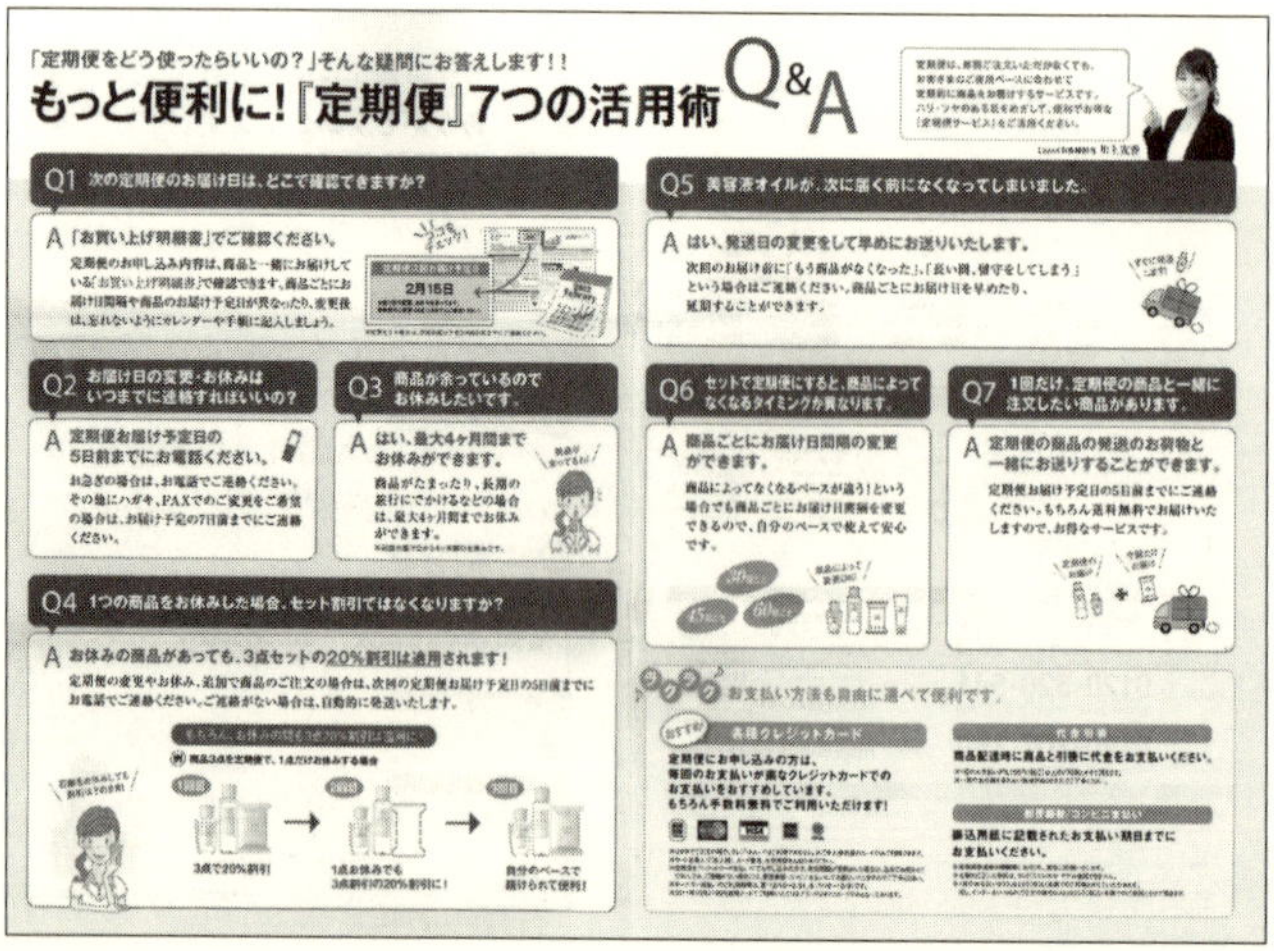

告を見て、自社サイトに来たお客様もそこですぐに購入するのではなく、楽天等のモールに出店していないかを確認してから購入するようになったからです。

通販での決済は一般的に代引き、クレジットカード、後払い（コンビニ、銀行、郵便局）、口座引き落としなどがあります。多様な決済方法を準備しておくことも大切で、特に後払いは利用者が多く、売上げにも影響を与えます。通販に不慣れな会社では時々、前払いを用意しているところがありますが、後払いのサービスを多くの会社が用意している中、お客様が購入をためらう要因になってしまいます。

未払いが心配な場合には、後払い代行サービスも多くの会社が利用しているので、サービスを提供している会社から資料を取り寄せて、導入を検討することをお勧めします。

お客様は購入にあたって、送料、割引、商品の到着日等、さまざまな疑問を持ちます。利用ガイドを充実させて、わかりやすく伝えてあげる必要があります。大切なことは、いかにお客様が買いやすい状態を準備しておくかなのです。

7 継続率を高める工夫について

継続率を高めるために、各社ともさまざまな工夫をしています。ある健康茶通販の会社では、定期コースのお客様には購入回数ごとにプレゼント等の特典を用意して、継続率アップ

継続を促すツール／購入回数に応じて特典がある

に成功しています。

配送や決済方法でも、定期コースの継続率は変わってきます。配送では、定期コースは商品を毎月1個送付するのが一般的ですが、2ヶ月に2個、3ヶ月に3個といったようにまとめて送付すると、継続率を上げることができます。後払いのお客様であれば、毎月コンビニや郵便局に支払いに行くのは面倒ですが、お届け回数が減ることでその手間を省くことができます。宅配便代等の費用負担が増える中、送付回数が減ることは、会社側の費用負担が減ることからも重要な取り組みです。そして、会社の送料負担が減る分、お客様により高い割引率を設定して還元することもできるのです。

また、決済では自社の決済方法別の継

続率を算出してみると、差があることが確認できます。一般的に、クレジットカード払い、口座引き落としが他の決済方法に比べて、継続率は高い傾向にあります。

ある健康茶通販の会社では、代引き、後払いの定期コースのお客様にクレジットカード払いへの変更案内をしました。この会社では、クレジットカード払いのお客様は、後払いのお客様よりも、平均で3回購入回数が多い傾向があり、決済方法の変更が、そのまま全体の継続率アップにつながりました。

8 定期コースの休止・解約者への対応

定期コースの休止や解約をしたいお客様に、スムーズに対応することで会社へのよい印象を残すことができます。どうしても、休止や解約というお客様は出てきてしまいます。電話で解約しないように粘っても、お客様は嫌な思いをするだけなので、お客様がストレスを感じることなく、休止や解約を受けることも大切なポイントです。

商品力に自信のある会社は、無理な引き留めをせずに、快く休止・解約を受け付けるように心掛けています。こういう会社は、実際に定期コースを再開するお客様も多く、小手先のテクニックではなく、商品力の重要性を改めて感じることができます。

ある化粧品通販の会社では、定期コースのお客様に休止・解約用のツールを同梱していま

定期コース休止用のツール

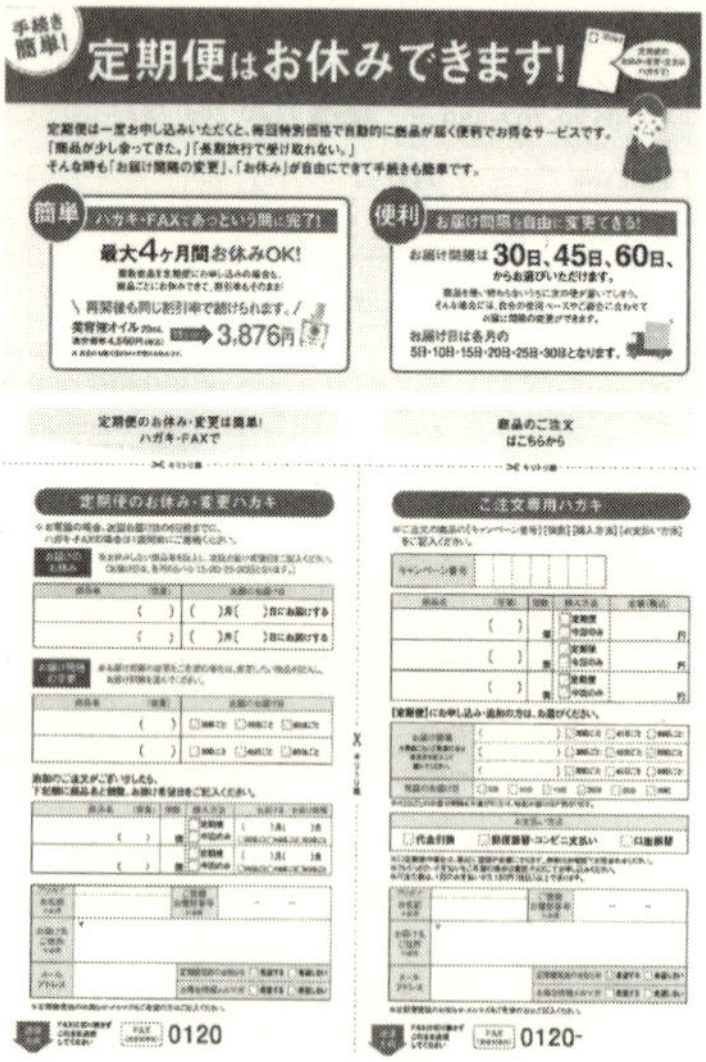

す。この会社では、電話で解約の連絡をくれたお客様にも丁寧に対応しています。あるオペレーターは、お客様に解約理由の確認を行ない、解約の手続きを完了したところで、電話の最後に、「寒くなってきましたので、お体にお気をつけください」という一言を添えて、お客様の印象がよいまま電話を終えています。

ある化粧品通販の会社では、適度に定期コースを休止するお客様の継続率が高いことに気が付きました。お客様は商品が余ったら休止し、使い終わったら再開するという自分のペースで定期コースを続けているのです。商品は気に入っているが、消費量とお届けのサイクルが合わないことから、お届けのタイミングをお客様が調整しているのです。この会社では、休止・解約をするお客様を無理に引き留めず、気持ちよく休んでもらえるように対応を心がけています。

定期コースの休止・解約を、電話でしか受け付けない会社もありますが、お客様の利便性を考えるとＦＡＸ、メールやＷＥＢのマイページでも対応できるようにする必要があります。

ある化粧品通販の会社では、ＷＥＢのマイページで定期コースの休止・解約ができるようになっているのですが、その際にもう一度、商品情報や使い方を表示し、お客様に理解を促す工夫をしています。この取り組みにより、休止・解約の手続きを思いとどまり、定期コースを継続するお客様を増やすことができています。

一方で、電話での解約防止率といった指標を持っている通販会社もあります。これは定期コースの解約のお電話をしてきたお客様を、どれだけ解約防止できるかという指標です。こういう指標を持つこと自体は悪くないのですが、オペレーターに解約防止に対して目標達成のプレッシャーをかけすぎると、定期コースの解約で連絡してきたお客様への引き留めが激しくなり、会社への心証を悪くする結果になります。

お客様がお電話をしてきた時点で、まだ商品が余っている、商品のよさがわからなかったといったお客様にとっての理由があるので、そのお電話がかかる前に、自社の商品理解を深めてもらう、正しい使い方を知ってもらうという努力をすることが、会社側には求められます。

5章

販促によるリピート促進

1 販促によるリピート促進の考え方

定期的に販促を行なうことで、リピートの売上げを作ることができます。仕組みによるリピート促進と並行して取り組んでいきたいのが、さまざまな販促施策です。まず販促施策は目的を明確にすることが重要で、それによってアプローチの仕方、DMやメールの内容、送付対象が決まってきます。既存客に向けて売上アップを目的とするのか、休眠客に再購入を促すことを目的にするのかによって、掛けられるコストも変わってきます。

また毎年実施することなので、どの属性のお客様にはどんな販促をするのか、どの時期にどのキャンペーンをやるのかといった点を、事前に計画しておくことが大切です。

販促施策には以下の種類があります。

①リピート購入促進

主力品のリピート購入を促すもので、定期コースに入っていないお客様に定期コース入会、もしくは都度購入の案内をします。また品揃えが多い会社では、主力品と併せて他商品の販売も目的として案内をします。

②キャンペーン

年に2〜4回、主にまとめ売りを目的として、創業祭、決算セール、周年記念のような企画を立てて案内をします。

③新商品、リニューアル告知

新商品を発売した場合や、主力品をリニューアルした際に案内をします。

④ギフト

お中元・お歳暮といった定番のギフト、バレンタイン・母の日といったイベントや記念日にちなんだギフトの案内をします。

⑤季節の案内

クリスマスケーキ、おせち、かに、紫外線対策の化粧品等の、その季節に合った商品の案内をします。

⑥誕生日

お客様の誕生日をきっかけとして、商品や特典の案内をします。

⑦休眠客向け

休眠客に、再購入を促すことを目的に案内をします。主力品の再購入を促す場合、定期コースの再開を促す場合、まとめ売りを促す場合などがあります。

販促施策は、複数の目的を持って行なわれる場合が少なくありません。たとえば、休眠客にキャンペーンをきっかけに再購入してもらうという目的であったり、リピート購入を目的に、新商品の案内をしたりというように、目的はいくつもの組み合わせがあります。

販促の内容については、企画担当者の発案しだいでさまざまな提案ができます。販促の目的、案内する商品、購入者への特典、ＤＭやメールのクリエイティブと、検討する要素はいくつもあります。売上げの最大化に向けて、ぜひ知恵を絞って取り組んでください。

2 リピート購入促進

お客様は、商品を気に入っていても、全員が自発的にリピート購入してくださるわけではありません。お客様へのアプローチを怠ると、お客様は特に理由もなく、何となく購入しなくなってしまいます。「案内なくしてリピートなし」「提案なくしてリピートなし」と言ってもいいくらい、会社側が積極的に接触をしていかないと、安定したリピート売上げを見込むことはできません。

品揃えの多い会社では、定期的にカタログを送るとともに、ＤＭやメールでリピートを促していきます。ある化粧品通販の会社では、会報誌ＤＭという、会報誌を兼ねたＤＭを送って、お客様に役立つ、季節に応じた情報を発信しつつ、商品提案を行なっています。

この会社では、年に8回、会報誌ＤＭを送っています。定期コースがないので、この会報誌DMがお客様の購入のきっかけになっています。

ある健康食品通販の会社では、定期コースに入っていないお客様に2ヶ月に1回、DMを送っています。お客様の購入回数に応じて、送り続ける期間を決めているのですが、安定した売上げに貢献しています。

また、あるワイン通販の会社では、メールにおける案内文の情報量を重視して、1回のメールで、平均するとA4用紙10枚分くらいの案内文を作成してお客様に送っています。ワインの味は、どうしても個人によって嗜好に違いがあるので、ワイン愛好家が知りたい生産者や畑の情報をふんだんに載せて購入意欲を高めています。

定期的に発行する会報誌DM（化粧品）

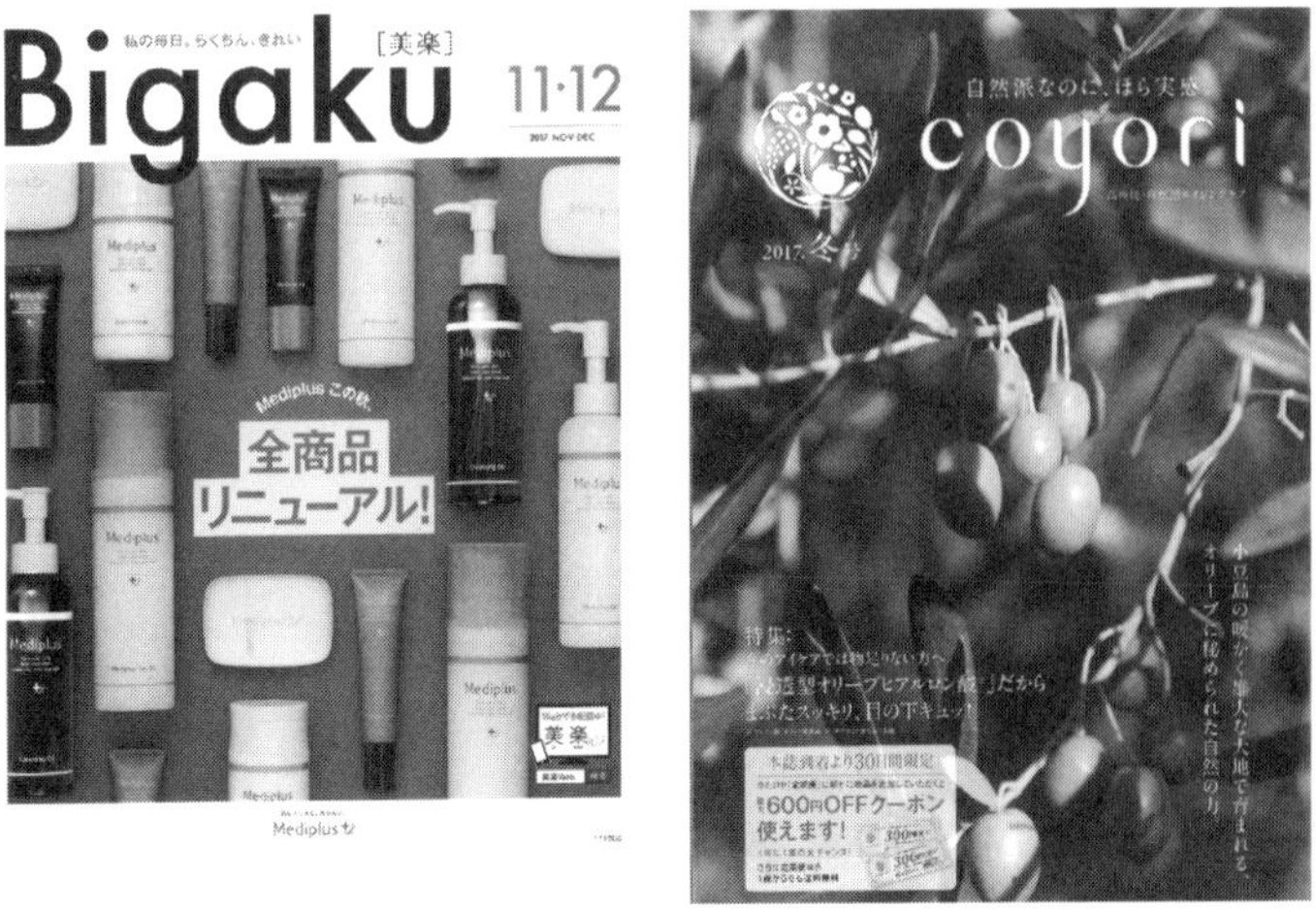

3 クロスセルを促す

クロスセルとは、初回購入とは違う他商品を購入してもらうことで、客単価アップを目的に行ないます。多くの商品を用意して、「どれか買ってください」ではなく、会社として優先的に購入してもらいたい商品を選んで提案することが大切です。

会社として、2品目にお勧めする商品が決まっていると、クロスセル率は高まります。

ある化粧品通販の会社では、商品A、商品Bの2商品をまずは購入してもらうという方針があります。そこで商品Aを購入した人には、必ず商品Bを提案するよう、社内が意思統一されています。お客様が、電話で商品Aの定期コースを申し込んだら、必ずその電話で商品Bの案内もするという徹底ぶりです。そして、商品Bを購入していないお客様には、定期的にチラシとサンプルを送って商品購入を促します。

クロスセルの告知手段としては、商品発送時に同梱するチラシ、DMやメールを主に活用します。この際のポイントは、商品を紹介する広告を新規客に訴求するようなクリエイティブにすることです。お客様は、会社への信頼があるにしても、それだけでは購入理由にはなりません。必要性を感じないと商品を購入しないので、商品の魅力を余すことなく伝えることが重要です。

実際に、ある健康食品通販の会社では、新規客獲得用の広告を、そのままクロスセル用に既存客のDMにも活用して成果につなげています。クロスセルがうまくいかないという会社のチラシやDMを見ると、商品案内ツールの表現が弱いという共通点があります。

ある育毛剤通販の会社では、WEBで商品購入をする際に、ショッピングカートの購入完了画面直前で他商品の案内を行なっています。この会社では、育毛剤と関連性の高いシャンプーとコンディショナーを販売しており、初回の購入時から継続して案内することで、クロスセル率を高めています。このように、主力商品と関連性の高い商品は比較的クロスセル率も高くなる傾向があります。

また食品通販のような定期コースのない会社でも、初回受注時から他商品の案内をしていくことが大切です。カートでのレコメンドや、受電時に他商品の案内をしていきます。初回購入時に複数の商品を購入するお客様は、その後のリピート率も高い傾向があります。

キャンペーンやクーポン券も、クロスセルのきっかけになります。せっかく安くなるなら、この機会に他の商品も試してみようというお客様の心理が背景にあるからです。

また食品通販は単価とリピート性が低いので、魅力的な商品を揃えて、「○円以上の購入なら送料無料」「○円以上の購入で○○をプレゼント」といった設定でクロスセルを促します。この際も、ただ商品の画像と価格を表示するだけでなく、会社として売りたい商品には、商品特徴の説明を併せて発信していくことが大切です。

クロスセルの案内は、継続して行なっていくことが大切です。1～2回商品の案内をしてやめてしまう会社がありますが、お客様はどのタイミングで反応するのか、会社側としてはわからないので継続して案内していくことです。

クロスセルについては、上手にできている会社は少なく、課題に感じている会社が多いのが現実です。案内をする商品、タイミング、見せ方、オファー等、あらゆる要素を検討して自社なりの手法を確立してください。

4 DMでの販促について

販促はDM、メール、電話を活用してお客様に告知しますが、その中でも、DMの活用はきわめて重要です。DMは、電話やメールと比較すると、お客様にリーチしやすいのが特長です。そして、お客様が年配の方が多いようであれば電話、WEBでの注文者には、メールも併せて活用するという位置づけになります。商品発送時の同梱物としても、販促のチラシは活用しますが、反応率は圧倒的にDMの方が高いので、売上げを作るうえではDMは非常に重要なツールと言えます。

DMの場合、お客様が見るかどうかは抜きにして、発送すればお客様のところまでは届きます。よって、発送数と購入件数から費用対効果を測定しやすいのが、施策の検証という点

DMにおけるクリエイティブテスト事例

①　→　②　→　③

では利点です。販促の実施後は、必ず結果を整理して、よかった点、反省点を整理しておくと、次回の実施時に大いに役立ちます。ここを疎かにすると、同じミスを繰り返すことになるので要注意です。

ＤＭの反応率を上げる際に重要な要素がクリエイティブと送付対象の抽出で、販促における成果の最大化は、「クリエイティブ×送付対象」で決まります。

ＤＭを発送する際には、その目的と反応が見込める属性から送付対象を決めます。送付対象を増やせば反応率は下がり、送付対象を絞り込むと反応率は上がります。最終的には、売上げが目標ですから、送付対象は過去の購入回数・金額、最終購入日、購入商品をもとに、自社に最適と思われる対象を抽出してください。1回ＤＭを送って反応がないと、リストが悪いと評価してしまう方がいますが、クリエイティブのせいで反応がない場合も多いので、クリエイティブとリストの両面で反応を評価してください。

ＤＭのクリエイティブは、目標となる反応率に至らなければ改善が必要です。毎回、仮説を立てて、クリエイティブを改善するという作業を繰り返していきます。反応が悪い主な理由としては、「わかりにくい」「お得感が伝わっていない」ことが考えられます。

特に反応の悪いＤＭに共通しているのは、「わかりにくい」という点です。ＤＭの発送前になるべく多くの社員で案を見て、お客様に伝えたいことがわかりやすく表現されているかを確認することが大切です。担当者は、どうしても視野が狭くなるので、なるべくその業務に関わっていない人が、先入観なく案を見ることに意味があります。

ある化粧品通販の会社では、ＤＭを発送するたびに結果を検証するとともに、社内会議を繰り返し、クリエイティブの見直しを継続して行なっています。以前は、外部の制作会社に依頼していたのですが、現在ではＤＭの制作も自社で行なっているため改善のスピードは速く、当初の3～4倍も反応率が上がるほどの改善を実現しました。

また、オファーでつける購入者がもらえるプレゼントによっても反応率が変わります。自社の客層を考えて、どのようなものが喜ばれるかを考えながら、プレゼントを検討していってください。

5 メールでの販促について

ＷＥＢを中心に商品を販売している会社にとっては、メールが販促手段の中心になります。メールのメリットは、ＤＭや電話と比較してコストが安価な点があげられます。ＤＭだとコストの都合上、どうしても送付回数に限りがありますが、メールは数多く配信できるため、品揃えの多い会社はさまざまな提案を行なうことができます。

ある食品通販の会社は、ＷＥＢ主体で販売しているのですが、週に4～5回はお客様にリピートを促すメールを送っています。内容はキャンペーン、記念日、ギフト、頒布会と多岐にわたり、さまざまなテーマでお客様に提案をしています。商品が食品なので、ＨＴＭＬ形式でおいしさを表現し、購入へと結びつけています。そして、ただ送るだけでなく、すべてのメールの効果測定を行ない、今後の施策に活かしています。

お客様のもとには、多くの会社からメールが届くため、この会社のメールは面白い、有益だという評価を得ないと開封されなくなってしまい、登録を解除されるかゴミ箱行きになってしまいます。一方で、読む価値があるメールだと評価されれば、毎回安定した開封率を確保することができます。

ある化粧品通販の会社では、毎週木曜日をメルマガを送る日と決めています。担当者は、

メールでの販促

毎週木曜の発行を念頭に置きながら、情報収集から文章作成まで行なっています。もう5年以上継続して送っているため、お客様も木曜日にメルマガが来ることを認識しているのは、この会社の強みのひとつと言えます。

また、ある化粧品通販の会社では、新商品発売時には、発売の2週間前からメールで告知を始めます。新商品の特徴を2回に分けて説明し、その後で発売の告知メールを出します。

主力品のリニューアルにあたっては、3週間前から「開発裏話」という件名で3回ほど事前にメールを送りました。このメールでは、開発におけるエピソード、リニューアルのポイント、モニターの方の声といった情報を伝えながら、本発売の案内につなげました。

このように、こまめに情報伝達できるのがメールのメリットのひとつと言えます。メールでの販促においても、誰に何を送るのかという点が重要になります。購入した商品やお客様の属性に応じてメールの内容を変えることで、より成果につなげることができます。

ある食品通販の会社では、初回購入の商品によって、その後、案内するメールの内容をお客様ごとに変えています。品揃えが多い会社なので、初回購入がお菓子系なのかお惣菜系なのか、お客様の嗜好に合わせてリピートを促す商品を変えているのです。

メールもDMと同様に、効果を検証していくことが大切です。送付メール数に対しての結果を見て、反応率が悪ければ、件名や本文の見直しを行なっていきます。その積み重ねで、メールの表現力を高めていきます。通販は、言葉で人の心を動かすビジネスなので、文章を書く力は常に高める努力をしてください。

6 電話での販促について

お客様が、高齢の方が多い会社では電話での販促も有効です。DMを送るだけでなく、電話も活用して売上げの最大化を狙います。高齢の方は比較的、在宅率が高いので、電話がつながる率が高いのが電話活用の理由です。

しかし、商品の案内だけを目的に電話をするのは、短期的には売上げにつながりますが、長期的にはお客様離れにつながる可能性が高くなります。そのため商品の案内だけでなく、お客様との関係性を作ることを重視していくことが大切です。安定して売上げを作っているオペレーターは、お客様との会話や過去の購入履歴から、電話した時点での購入意欲を探り、意欲が低い場合には無理に商品の案内をしないようにしています。

ある健康食品通販の会社では、オペレーターは決まったお客様を約500〜600名担当として持っていて、毎月お客様に電話をかけて関係性を構築しています。最終的には、オペレーターがお客様の家族構成やペットの名前まで知るくらい仲よくなり、強い信頼関係が生まれ、商品の案内もしやすくなります。キャンペーンの案内等で電話をすると、「あなたが勧めるなら買いますよ」という対応をお客様もしてくれるようになり、売上げを上げることに成功しています。

それぞれのオペレーターの販売スキルの差を埋めるためには、商品知識の理解とトークスクリプトを準備しておくことが大切です。オペレーターの説得力は、商品知識の理解の深さと比例します。そして我流で話すオペレーターよりも、トークスクリプトに沿って話すオペレーターの方が、販売成績は上がる傾向があります。空き時間を見つけて、商品理解の勉強会やロープレを行なっている会社は成果につながっています。

販売成績のよいオペレーターは商品知識が豊富で、焦って押し売りをしないのが特長です。

会話に余裕もあり、無理に売らない姿勢が、お客様に安心感を与えています。一方で、販売成績の上がらないオペレーターは商品知識の理解が浅く、焦って一方的に話をする傾向があります。お客様と会話をする余裕がないので、一方的な案内になってしまい、成約率が低くなってしまいます。

販売目的の電話が苦手な会社でも、電話の活用方法はあります。ある食品通販の会社では、ギフトのカタログＤＭを送付した後で、購入金額の多い優良客に絞って電話をしています。目的は売り込みではなく、「カタログがそろそろ届きますので、もしよろしければ、今回もご購入を考えてみてください」と伝えることにあります。電話をかけるスタッフも、売り込みの電話はプレッシャーもかかりますが、「カタログが届きます」という案内程度であれば、心理的なハードルも下がります。このような電話の有無によっても、ＤＭの反応率は変わってきます。優良客だから、何もしなくても買ってくれると思い込んでいると、毎年少しずつお客様は減っていってしまうので、電話をかける労力は必要なのです。

7 キャンペーン

キャンペーンは、ＤＭやメールを活用して、さまざまなタイミングで告知します。一般的によく使われるのは、春夏秋冬の季節ごとのタイミング、創業祭、年末感謝祭や周年記念と

キャンペーンDM／感謝祭

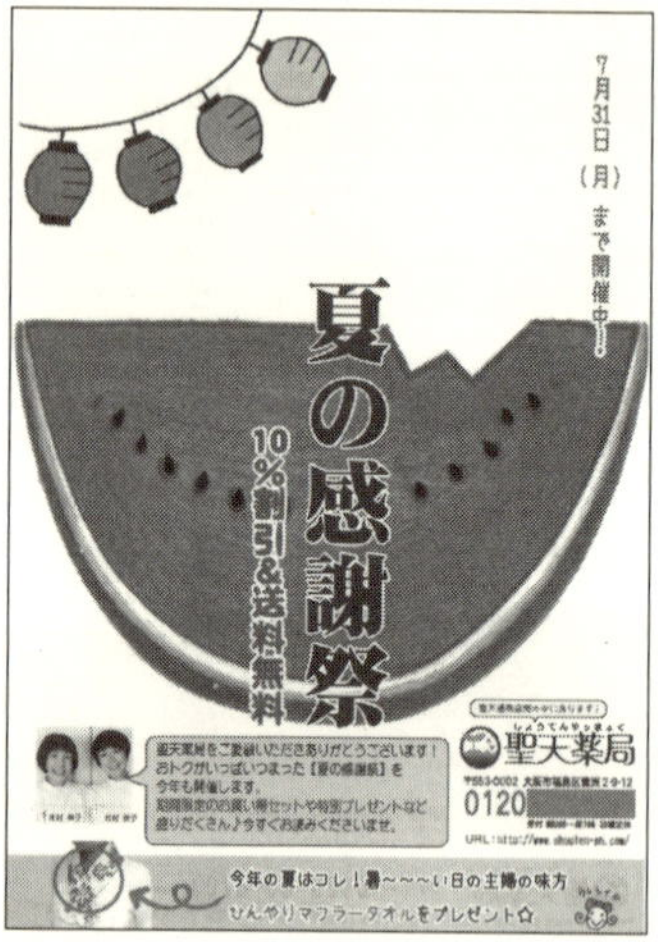

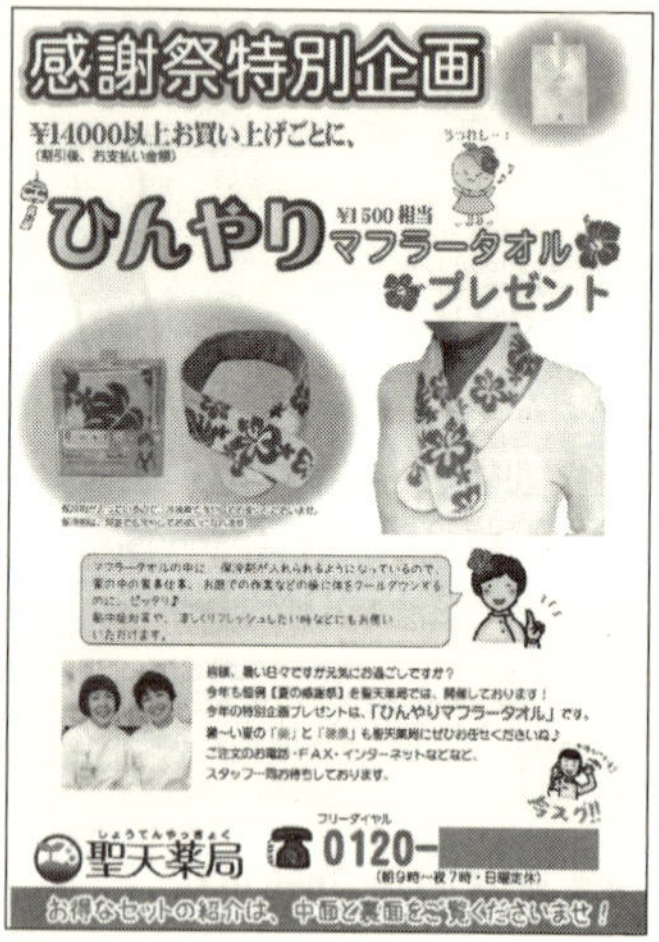

いったタイミングです。

ある健康食品通販の会社では、毎年クリスマスにキャンペーンDMを、ある化粧品通販の会社では、年に2回、創業祭、感謝祭としてキャンペーンDMを送っています。キャンペーンDMは、毎年同じ時期に行なうことでお客様の意識にも定着し、安定した売上げを作ることができます。

ある化粧品通販の会社は、WEB主体で販売をしているのですが、年に1回、周年記念のDMを送付しています。周年記念というと、5年、10年と切りのよいときにDMを送るのが一般的なイメージですが、毎年行なっても反応を取ることができます。そのDMも、単に1回送るのではなく、購入回数が多いのに前回購入のなかったお客様には手書きの手紙を送ったり、対象を絞り込んで追いかけＤＭを送ったりと、工夫をしながら反応率を上げる努力をしています。

キャンペーンは独自性を出しやすいので、各社さまざまなアイデアを形にしています。

ある食品通販の会社では、ふだん送るメルマガの中で、「数量限定早い者勝ちセール」「在庫一掃セール」「訳あり激安セール」「ポイント消化商品の案内」といった切り口で、お客様に案内をしています。

また、ある食品通販の会社では、毎月、送料無料対象の商品を案内しており、多くのお客様に支持されています。「送料無料」というオファーは訴求力が強いので、それを上手に活用しています。

ある化粧品通販の会社では、四半期ごとに季節感のある限定商品を販売して、４種類すべて揃えると、プレゼントを用意というようにお客様の購入意欲を刺激しています。

ユニークなものとしては、自社で記念日を制定し、その記念日をきっかけにＤＭを送るという手法があります。これは、他社と販促時期が重ならないようにすることと独自性を出すのが目的です。

ある総合通販会社では、自社で制定した２つの記念日を持っており、その記念日と年末の感謝祭と、３回キャンペーンＤＭを送付しています。毎年の恒例となっており、リピート客だけでなく、新規客向けの広告も絡めてキャンペーンを実施しています。

楽天のようなモールで商品を購入するお客様は、定期コースでの商品購入よりも、キャンペーン時に商品購入する方が多い傾向があります。よってモールでは、より積極的にキャンペーンによる販促を行なっていく必要があります。各モールでキャンペーンの企画があるので、その波に乗れるように計画的に販促を行なっていくことが大切です。

8 ギフト・季節の案内

お正月の福袋、バレンタインデー、ホワイトデー、母の日、父の日、敬老の日、クリスマスなどの記念日は、ギフト提案をするのによい機会です。毎年同じ時期にあることなので、事前に計画を練って準備をしておくことが大切です。売れている会社は、半年以上前から準備しています。思いつきの提案ではなく、年間計画を立てておく必要があります。

特に食品通販では、お中元、お歳暮のギフト時期は売上げも多く、販促を行なううえでは大切な時期となります。競合も増えてきており、各社とも早めにＤＭ、メールを出す傾向にあります。最近では、早割サービスを使って、早めに申込者を募る会社が増えてきています。早割サービスとは、たとえばお歳暮だと、10月末までの申し込みであれば割引率を高くするというもので、割引に魅力を感じて利用する人が年々増えてきています。

バレンタイン、ホワイトデーのようなイベントでは、おおよそ1ヶ月前から販促が始まります。予約販売や早割から始め、当日までアプローチを続けていきます。

ギフト時期に商品を購入するお客様は、ギフトという商品特性にリピートする傾向があります。そして毎回ではなく、少し期間が空いてからもリピートするお客様も多く存在します。ですから、バレンタインデーに商品購入した方に母の日の案内をしたり、過去にお中元やお歳暮で購入したお客様には、購入がなくても3年はDMを送ることが大切です。

食品業界以外でも、多くの業界で売上アップの施策として、ギフトの提案は行なわれています。特に、定期コースのような仕組みがない業界や会社では、お客様にアプローチするよいきっかけになります。

ギフトの案内

ある化粧品通販の会社では、毎年クリスマス時期に特別セット、お正月には福袋を作ってお客様に販売しています。それぞれ、ギフト箱やメッセージに工夫を凝らして、お客様に喜ばれる見せ方をしています。

また、別の化粧品通販の会社ではお中元、お歳暮の時期には割引券をDMに同封し、商品購入のきっかけとしています。ギフト商品だけでな

定期コース会員限定のお中元割引

く、通年で販売している商品も割引で買えるので、お客様には好評のサービスです。

少し手間はかかるのですが、凝ったラッピングやメッセージカードを添えるようなサービスも好評です。有料・無料でラッピングサービスを用意している会社や、写真付きのメッセージカードを添えるサービスを、有料で行なっている会社もありますが、こうしたサービスもリピート購入の理由になっています。

ギフトにおいても、商品だけでなくサービスも、他社との差別化として有効なのです。

また商品到着までの早さも、リピートを促すひとつの要素になります。楽天のようなモー

季節DM／新茶

クリスマスケーキとおせちの早割告知メール

ルでは、「前日の正午までに注文があれば、翌日お届けする」といったサービスを用意しています。これは、直前になって商品を探すお客様を対象にしており、父の日、母の日等は直前になって商品を探すお客様も多いので、そうしたサービスに対応できる体制が整っている会社であることは、ひとつの強みになります。

9 誕生日を活用した販促

お客様の誕生日を販促に活用するのも一般的で、多くの会社で行なわれています。誕生日のDMやメールは、比較的反応率が高く、有効な販促策のひとつと言えます。

ある化粧品販売店では、誕生日を把握しているお客様全員にバースデーカードをお送りしており、お客様は、その月の商品購入時に割引が適用されるサービスを行なっています。そのサービスの利用率が高いため、定期的にお客様に、「お誕生日をお知らせください」という案内を送付して、誕生日の把握に努めています。

また、ある化粧品通販の会社では、誕生日月には購入金額に応じてプレゼントがもらえる特典を用意しています。そのため、ショッピングカート内で誕生日入力を促す工夫をしています。この会社では、以前は案内をしているだけだったのですが、ある年からバースデーカードとサンプルも添えて案内するようにしたところ、お客様から好意的な反応が返ってくるようになりました。最終的な目的は売上げであっても、お客様の誕生日を祝う気持ちを表現することが大切です。

誕生日は、会社側ですべてのお客様の分を把握しているわけではありません。誕生日がわかるお客様だけ特典があるのは不公平ではないか、という声も時折聞かれます。ある化粧品通販の会社では、誕生日が不明のお客様には、年初にクーポンを送り、誕生日月にご利用くださいという案内をしています。この方法により、誕生日月にクーポンを利用してほしいすべてのお客様に案内をすることができています。

また、お客様の誕生日が不明な方に対して、初回購入日をお客様と会社が出会った記念日として販促に使っている会社もあります。この方法も、誕生日が不明なお客様も含め、すべてのお客様を対象にできるのがポイントです。

ある化粧品通販の会社では、購入回数の多い優良客を対象にして、出会った記念日にプレゼントを送付しており、継続しているお客様への感謝の気持ちを表現しています。

また、ユニークな事例ですが、ある眼鏡チェーン店では、お客様に「お客様の眼鏡が誕生日を迎えます」というDMを出し、来店促進を行なっています。お客様の誕生日はわからなくても眼鏡を購入した日はわかるので、それを販促のきっかけにしているのです。

誕生日は、お客様にとっても関心の高い日なので、祝う気持ちを忘れずに販促施策を検討してみてください。

誕生日の施策

お誕生日をお知らせください

お誕生日のご登録は
ご来店の際や、お電話、FAXなどでお気軽にお知らせください。

バースデーカード

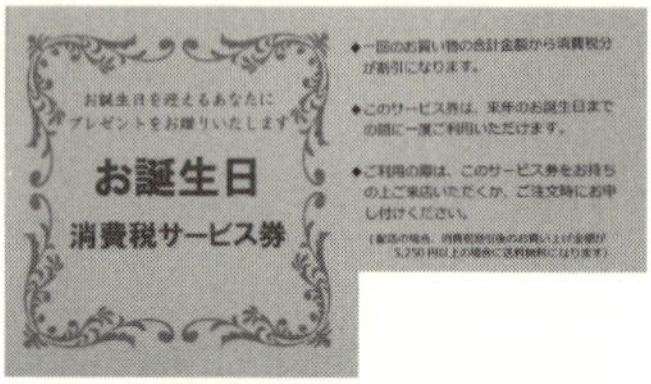

WEBの申し込み時に誕生日を入力してもらう

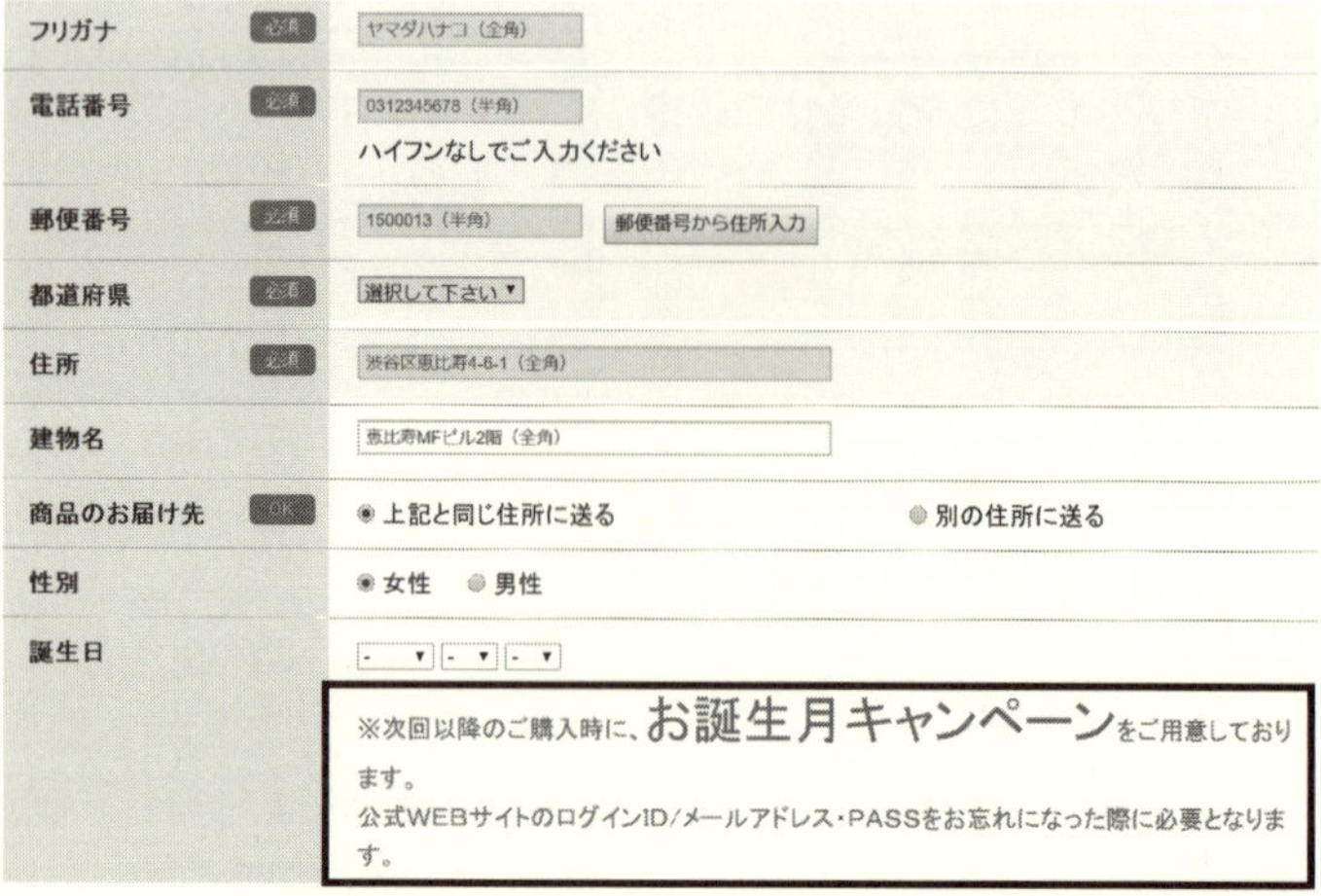

10 休眠客を対象とした販促

休眠客向けの販促は、主力商品の再購入、定期コースの再開促進、キャンペーン等の販促による売上げを作るといったことが目的となります。

定期コースの再開を目的とする場合、購入回数が1回で休眠したお客様は再開の確率が低いため、まずは2回以上の購入客を対象にアプローチしていきます。

最終購入日が直近で、かつ累計購入回数が多い休眠客ほど再開の確率が高いので、たとえば最終購入日が1年以内で、累計10回以上購入の休眠客のような条件でリストを抽出し、アプローチしてみます。この属性での反応率を確認することで、最終購入日から1年以上で、かつ10回未満の休眠客の反応率を推測することができます。

ある健康食品通販の会社では、定期解約者に解約から3ヶ月後に手書きのメッセージ付きの絵ハガキを送付しています。商品が余っていて解約していたお客様の約5％は、この絵葉書をきっかけに定期コースを再開しています。

キャンペーンによって売上げを作る場合は、最終購入日の重要性が高まります。購入回数が1回の休眠客でも、最終購入日が近ければ反応する確率は高いので、送付対象に入れる必要があります。

休眠客向けの絵ハガキ

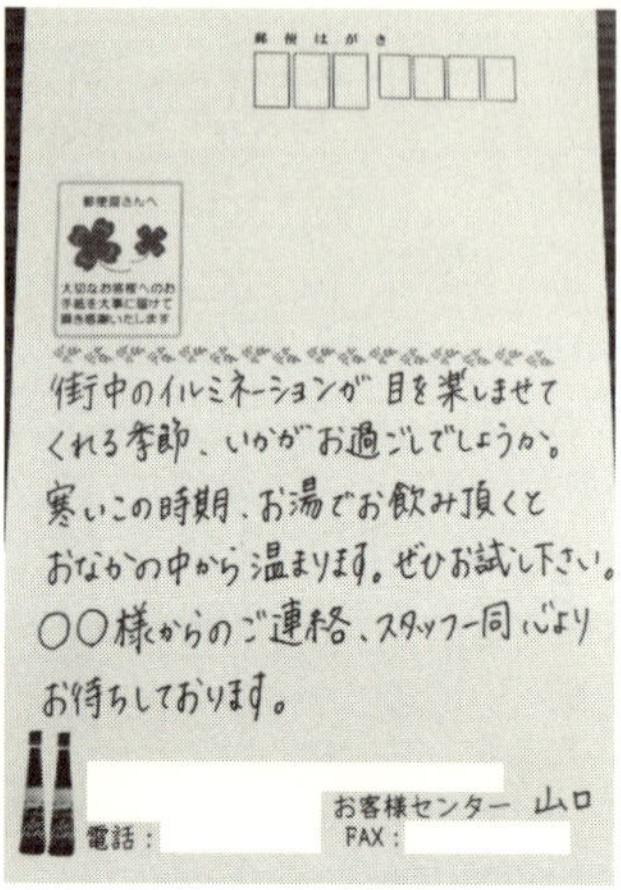

休眠客向けの手書きハガキ

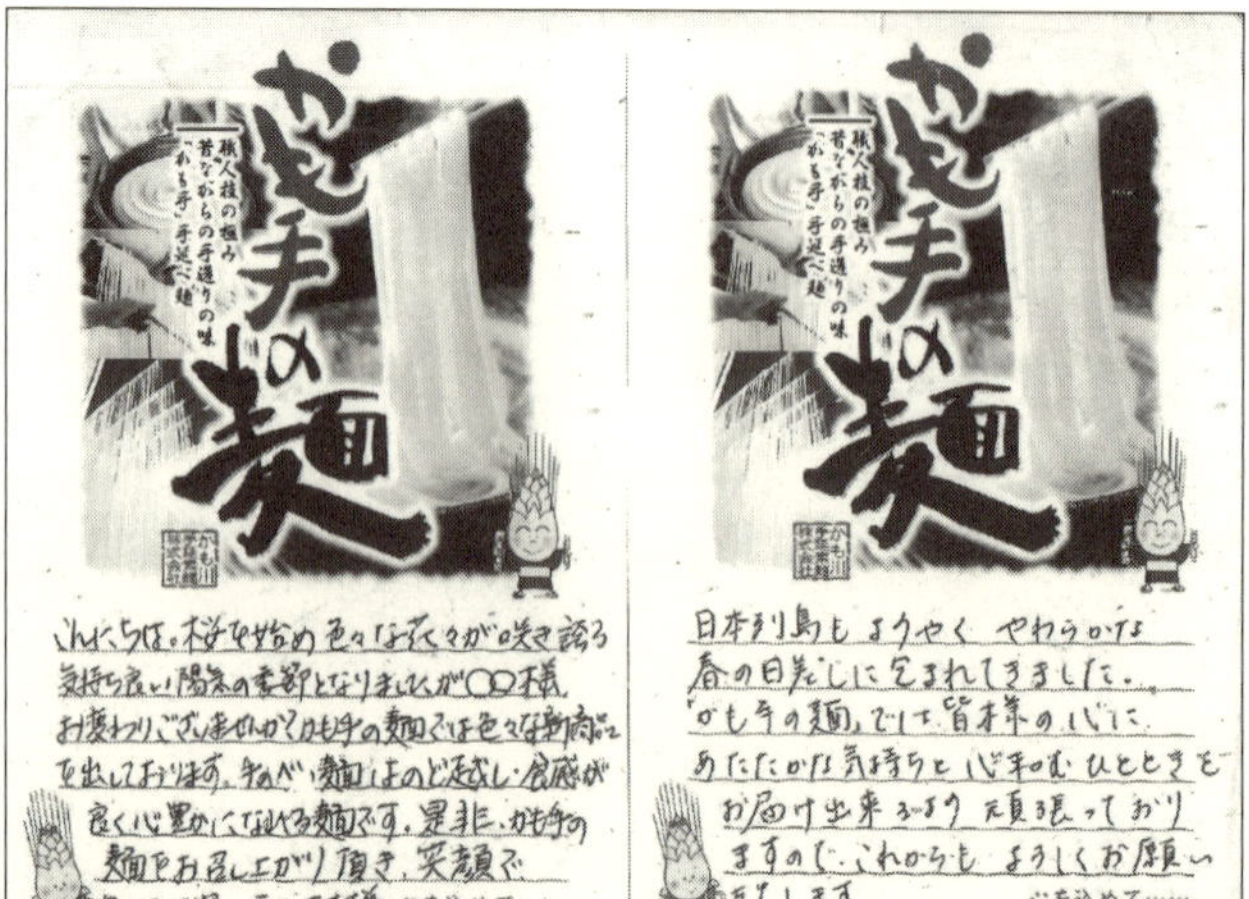

ある健康食品通販の会社では、年に4回、まとめ売りDMを休眠客に送り、安定した売上げを作ることに成功しています。実際に反応したお客様の属性を分析してみると、最終購入日が1年以内のお客様の反応率が高い一方で、3年以上のお客様の反応率が極端に低いことがわかりました。このような分析をもとに、次回のDMの送付条件を決めていきます。

また、累計購入金額の多い休眠客には、手書きのハガキの送付が有効です。ある食品通販の会社では、ギフトカタログを送る1週間前にスタッフが手書きのハガキを送付していました。過去の累計購入金額が多い休眠のお客様を、約400人抽出して送付したところ、約15%のお客様が再購入しました。

新規客獲得の効率が悪くなる中、休眠客の掘り起こしによる再購入は非常に重要なので、継続的な施策として取り組んでみてください。

11 1回購入だけの休眠客への販促

1回購入だけで休眠したお客様は、2回以上の購入客と比較すると、アプローチをしても反応率はあまりよくありません。しかし、広告等をきっかけに、1回は商品を購入してくれた方でもあるので、リピート購入を促すチャレンジはしたいものです。

休眠客は、時間の経過とともにアプローチしたときの反応率が悪くなりますが、1回購入だけのお客様は、特に反応率の悪化が早いものです。1回購入だけのお客様の休眠を定義する目安としては、健康食品や化粧品のようなリピート頻度の高い商品であれば、初回購入から6ヶ月、食品のようなリピート頻度が低い商品であれば10ヶ月になります。これらの期間を経過してもリピート購入がないようであれば、購入を促す施策を行なう必要があります。

また、商品によってもアプローチの反応率は変わってきます。お茶や漬物等の食品関連の商品の場合は、比較的反応率が高く、育毛剤や医薬品のような広告で、わかりやすい効果が訴求されている商品は、反応率が低い傾向があります。

食品の場合は、年に1~2回しか買わないお客様も多いので、アプローチが購入のきっかけになる方も多くいます。一方で、育毛剤や医薬品のようなお客様が期待している効果が明確な商品は、期待した効果が得られなかったと感じて休眠している方が多いので、結果として反応率は悪くなってしまいます。

1回購入の休眠客は、封書DMや電話でアプローチしても費用がかかる割に反応率が低いので、できるだけ費用をかけないことがポイントです。商材によって反応率はマチマチですが、DMを送っても反応率が1%にも満たないということも十分に起こり得ます。そこでメール及びハガキDMでのアプローチをお勧めしていますが、メールは開封率が低いので基本はハガキDMになります。メールは、ハガキDMのサポートとして同じタイミングで配信します。

休眠客向けのDMは広告のクリエイティブを再現する

DM

広告

ハガキDMのクリエイティブは、反応が取れている広告のクリエイティブをできるだけ再現したものが、よい反応が取れる傾向があります。お客様は過去に商品を購入したこと自体を忘れてしまっているのか、過去に反応した広告と類似のクリエイティブを見せることで、DMでも反応を取ることができるのです。

そして、ハガキDMについては、送付前に合格ラインの目標値を設定しておきましょう。定期コースへの誘導人数や、かけた費用に対しての売上げといったものが指標になります。

合格ラインを超える成果が出るようなら、継続して取り組む施策にしてください。

6章

情報発信によるリピート促進

1 情報発信によるリピート促進の考え方

お客様は、会社から発信される情報を通じて、商品や会社のよさを知り、安心と信頼を得てリピート購入をします。商品を届けるときの同梱ツール、DMやメルマガといったアプローチ、ホームページといった手段で、会社はお客様に情報発信をしていくことができます。特に情報発信は、お客様対応と並んで独自性を発揮できる差別化ポイントで、この2つを充実させることで、他社に差をつけることができます。情報を多く持っている会社は、それ自体がひとつの強みだと認識する必要があります。

販促によるリピート促進は、短期的な売上げを作ることが目的になりますが、ツール等による情報発信は、中長期的なお客様の育成が目的になります。そして、そのお客様育成は、購入回数・購入金額の増加という形で結果が現れることになります。

お客様は、商品を初めて購入したときには商品への期待が高い状態にあります。広告を見て関心を持ち、その説明を読んで、商品に魅力を感じて商品を購入します。会社側としては、そのお客様の期待を維持しなくてはいけません。そのために最も効果を発揮するのが、情報発信なのです。大切な情報を繰り返し伝えていくことで、お客様の記憶の中に少しずつですが、情報が蓄積されていくのです。

2 会社の考え方・理論・取り組みを伝える

会社の考え方、商品の背景にある理論、日頃の取り組みを伝えることは、商品と会社への信頼を醸成するという点で非常に重要です。また、そこに独自性が強ければ強いほど、他社には真似のできない差別化ポイントになります。

健康食品であれば健康や食事のあり方、化粧品であれば美容理論、食品であれば品質に対するポリシーや考え方をしっかり持つことが大切で、その考え方に基づいて商品を開発し、販売していくことがあるべき姿です。

ある健康食品の製造会社では、食事のあり方について強い考え方を持ち、その考えをベースに商品の販売を行なっています。その商品をただ飲むだけで健康になれるわけではなく、日頃の食生活から見直さなくては健康になれない、という考え方をしっかりと持っています。販売の現場では、その考え方を繰り返し伝えることで、多くのリピート客を育成することに成功しています。また、その考え方をベースに食育活動も行なっていて、ご縁のあった小中学校等に無料で講師を派遣するような活動も行なっています。

さらに、この会社では法律上は義務のない商品の個包装にまで、原材料表示、製造ロット番号、原料情報を見ることができるＷＥＢサイトのＱＲコードを印刷して載せています。お客様は、すぐに商品の情報を見ることができるし、会社側は商品に不備があれば製造ロット番号から確かめることができます。このような取り組みから、この会社のお客様への誠実さが伝わってきます。

ある化粧品通販の会社は、子供を持つ若い主婦をターゲットにしているのですが、「赤ちゃんの肌を守って育てる」という考え方を持っており、その考え方について会報誌やホームページで情報発信をしています。会報誌でも、この考え方について記載されているページへの関心は高いとのことで、お客様に考え方を伝えながら商品の紹介をしています。

また、ある化粧品通販の会社は「皮脂」に着目し、「皮脂を補うことで肌の輝きを取り戻す」という考え方をベースにしています。商品パンフレット、皮脂について書かれた専用の同梱ツール、ホームページ等で、一貫してこの情報を発信しています。

化粧品業界は各社、独自の美容理論を持っていますが、この理論がないと、他社との差別化を発信していくことが非常に難しくなります。

通販各社の共通点として、確かな考え方や理論を持ち、情報発信している会社はリピート客の育成力が非常に高いことがあげられます。会社の根底に考え方があり、その考え方に共感したお客様が商品を購入するので、結果として高い継続率につながっているのです。

会社の考え方や取り組みを伝える

商品のベースにある理論を伝える

3 お客様視点を持つ

情報発信にあたって最も重要なことは、お客様視点を持つことです。売り手目線の情報発信では、お客様に関心を持ってもらうことはできません。

お客様視点を持つためには、お客様訪問や座談会などを通じてお客様のライフスタイルや興味あるテーマを常に探ること、アンケートの実施やお客様の声ハガキを読み込むことで、お客様の生の情報を知ることが大切です。

お客様がリピート購入に至るには、商品に対する理解、納得が必要です。お客様が「なるほど」「そうなんだ」と思って、初めて理解、納得に至ります。そのため会社側は、単に商品の仕様を説明するのではなく、お客様の心を動かす言葉を開発、発見して発信していく必要があります。

お客様の心を動かす言葉は日頃、お客様から届くおハガキや電話での会話の中にヒントがあります。商品を購入した理由や購入前の状態を探りながら、言葉を見つけていくことが重要です。そのために、販促部署とコールセンターがコミュニケーションを取って情報を共有することが必要になります。

ある化粧品通販の会社では以前、毎日1人は1日中お客様の電話に出るという取り組みを行なっていました。社員全員がローテーションで担当し、その日は受電以外の業務はしないのです。この取り組みにより、社員全員が定期的にお客様と会話をすることになり、お客様の気持ちや要望を直に把握することができたのでした。

お客様視点を持つためにすべきことは、自分がお客様として通販で他社の商品を買うことです。ホームページや広告での商品の見せ方、購入のしやすさ、購入してから手元に届くまでの期間、梱包、同梱物等、すべてが参考になります。

自社の取り組みについては、社歴の短い社員の意見を聞くことが大切です。社歴の短い社員は先入観や固定観念が少ないので、お客様視点で指摘をすることが可能です。

自分達の当たり前が、お客様から見たら当たり前ではないということに気づくきっかけとすることができます。

4 啓蒙のための情報発信について

購入回数が少ないお客様に、いかに自社商品のよさを伝えるかという点は非常に重要です。

まず前提として、お客様は慎重に商品を選ぶタイプと衝動的に商品を選ぶタイプの2種類に分かれます。慎重なタイプのお客様は、事前の情報収集に余念がなく、納得して商品を購入するタイプの方で、比較的リピートしやすい傾向にあります。

一方で、衝動的なタイプのお客様は、他人の情報に流されやすく、広告や友人の口コミにすぐに反応して商品を購入するタイプの方で商品理解が浅く、リピートしづらい傾向があります。新しい情報に触れると、すぐに流されていってしまうため、早めに情報を伝えて啓蒙していかないと、リピート客に育てることが難しくなります。

初回購入時の同梱ツールが、その情報を伝える第一歩ですが、そこで終わらず、継続して購入回数の少ないお客様向けに商品のよさを啓蒙するためのツールが必要になります。

定期コースを活用している会社の場合、3～6回目あたりは解約が増えやすいので、商品のよさを啓蒙していくためのツールを用意しておくことが重要です。

ある健康食品通販の会社では、定期1回目～6回目のお客様には専用の啓蒙ツールを6種類作成し、商品発送時に同梱しています。お客様に、健康について改めて意識してもらうのが目的で、このツールの同梱によって継続率アップに成功し、継続した施策として定着しています。

また、ある化粧品通販の会社では、主要成分に特化したツールを制作し、商品パンフレットとは別に同梱しています。主要成分への理解を深めてもらうことで、商品のよさを知ってもらうことが目的です。

ツールだけでなく、電話を活用している会社もあります。ある化粧品通販の会社は、高価格帯の化粧品を販売しているのですが、初回購入から2週間以内にお客様にお電話をしてい

啓蒙のための情報発信

スキンケアの最後に!
たるみ解消!
「あいうえお」表情筋体操
むくみやたるみに表情筋エクササイズはとても効果的です。
即効性もあり、顔全体が引き締まるので小顔効果も!
テレビをみながら、本を読みながら、家事をしながら…
「あいうえお」表情筋エクササイズをスキンケアの最後に取り入れましょう。
「あいうえお」の形に大きく開け、10回繰り返します
あ
い
う
え
お
ココがポイント:
1日10セットが目安です。顔の血流が促進!
スキンケアと並行しておこなうことで、むくみやたるみに早めに効果が見えてきますよ。
おさらい
ポイント
迷ったら
03-5114-8505
次回はついに最終回!ラブピー美肌通信vol.5は…

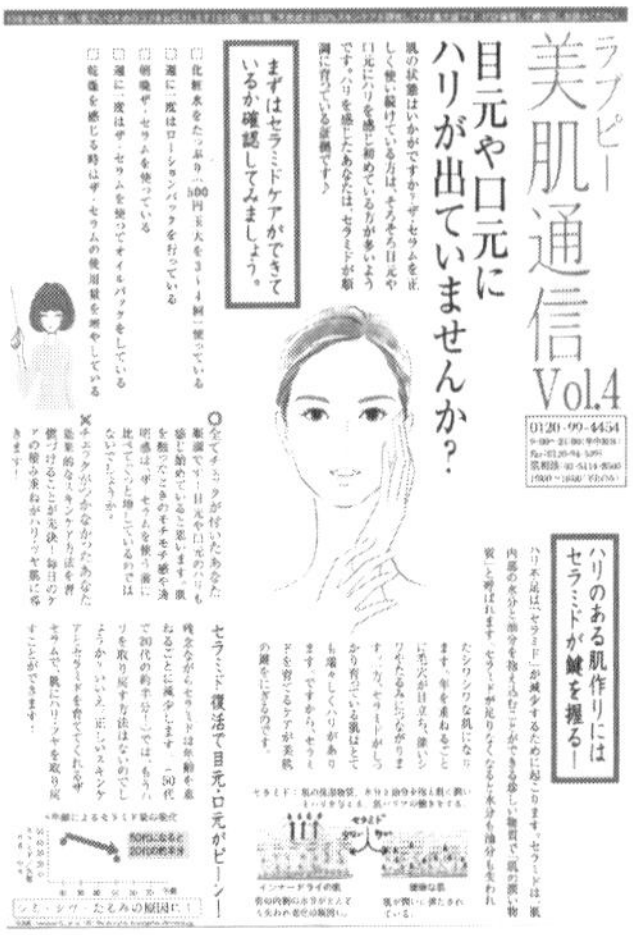
ラブピー
美肌通信
Vol.4
0120-99-4454
目元や口元にハリが出ていませんか?
まずはセラミドケアができているか確認してみましょう。
ハリのある肌作りにはセラミドが鍵を握る!
セラミド復活で目元・口元がピーン!
シミ・シワ・たるみの原因に!

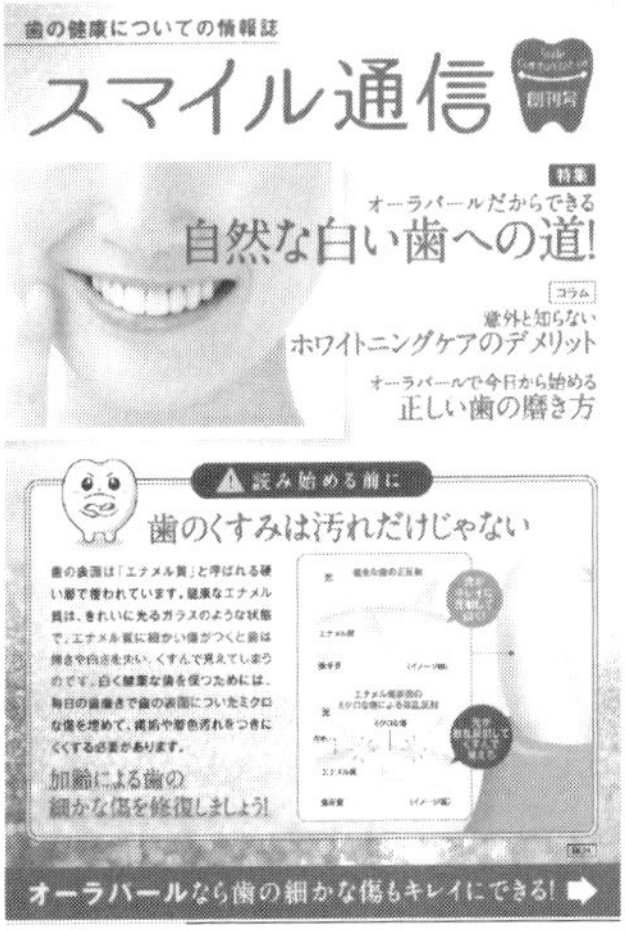
歯の健康についての情報誌
スマイル通信
創刊号
特集
オーラパールだからできる
自然な白い歯への道!
コラム
意外と知らない
ホワイトニングケアのデメリット
オーラパールで今日から始める
正しい歯の磨き方
読み始める前に
歯のくすみは汚れだけじゃない
加齢による歯の細かな傷を修復しましょう!
オーラパールなら歯の細かな傷もキレイにできる!

歯の健康についての情報誌
スマイル通信
2号
特集
歯を失う原因の第1位!
成人の約8割がかかっている
歯周病
美白だけじゃない!
オーラパールだからできる歯周病対策!
オーラパールで今日から始める
歯周病を予防するブラッシング方法
オーラパールをお使いいただきありがとうございます。その後、
1ヶ月に1本使い切っていますか?
適切な使用量と正しい磨き方をしないと
口内環境が悪化して、細菌が繁殖しやすくなります。
「歯周病」になってしまいます。
OraPearl
オーラパールなら歯周病対策もできる!

ます。このお電話は商品購入の案内ではなく、商品の正しい使い方を改めて伝えるのが目的です。正しい使い方を理解してもらわないと、お客様の満足度が下がるうえに、使用量も減るので、リピート購入の日が延びていってしまいます。

お客様にしっかり情報を伝えないと、商品を我流で使ったり、毎日消費しないことで使用量を減らしてしまう傾向があります。購入回数が少ないうちに、お客様にしっかり啓蒙することが重要なのです。

5 継続を促す情報発信について

お客様にリピート購入してもらうためには、定期的に継続を促すための情報発信をしっかり行なっていかなくてはいけません。初回に同梱した商品パンフレットに記載してあるような内容も、重要なものについては、時折ポイントを抜粋してツールとして送るといった工夫も必要です。

お客様は、商品を使用するにあたってさまざまな疑問や不安を感じます。情報発信がしっかりしている会社は、お客様が感じている点を先回りして、ツールやホームページを通じて発信しています。

ある化粧品通販の会社では、冬場には商品を暖かい場所に置いてもらうよう、ツールで告知しています。これは、気温が低い場所に置いておくと、商品が白濁してしまう可能性があるためです。品質には問題はないのですが、見栄えも悪くなるので、使用されない可能性が出てくるための情報発信です。

　多くのお客様が感じる疑問や不安は、会社に寄せられる問い合わせ内容を、日々把握していれば感知することができます。お問い合わせが多いものは、お客様にわかりやすく伝わっていないことの現われなので、ツール等でわかりやすく表現していくことが大切です。

　ある化粧品通販の会社では、お客様に商品の使用を促すために「お悩み解決ブック」というツールを作成しました。お客様からよく来る問い合わせを、3つピックアップしてツールでその回答を伝えるようにしたのです。このツールにより、お客様からの問い合わせが減るとともに、多くのお客様に商品理解をより促すことに成功しました。

　また、ある育毛剤通販の会社では、定期コース2回目のお客様に、最初の1ヶ月目に正しく商品を消費したかを

季節に応じた情報の発信

重要なお知らせ

冬の期間「美容液オイル」は、
暖かい場所で保管をお願いします。

美容液オイルをご愛顧いただきましてありがとうございます。
冬期の美容液オイルの保管方法につきまして、ご案内を申し上げます。

こよりでは肌への効果と安全性を追求し、美容液オイルには厳選した天然の植物オイルを配合しています。植物オイルは、10℃以下になると凍結する特性があり、そのため美容液オイルも10℃以下で保管した場合、オイル等が白く固まってしまう場合があります。冬の間は、気温が低い部屋を避け、できるだけ暖かい部屋で保管してください。1度固まった場合でも、容器を30℃～35℃程度のぬるま湯につけるか、しばらく暖かい場所に置くと元に戻ります。品質、効果には一切問題はありませんので、安心してご使用ください。
ご迷惑をおかけしますが、ご理解のほどよろしくお願いいたします。

凍結した場合は、暖かい場所に置くと元に戻ります。

1度凍結して固まった
美容液オイルでも、
品質に問題はありませんので
安心してお使いください。

◎美容液オイルが固まらないためのポイント
特に冬に気温が下がる浴室や、10℃以下になる部屋を避けて暖かい部屋に置くようにしましょう。
◎美容液オイルが固まってしまったら
ぬるま湯につけたり、暖かい場所にしばらく置くと元の状態に戻ります。

その他、ご不明な点など、お問い合わせに関しましては、下記までご連絡ください。

お悩み解決ブック

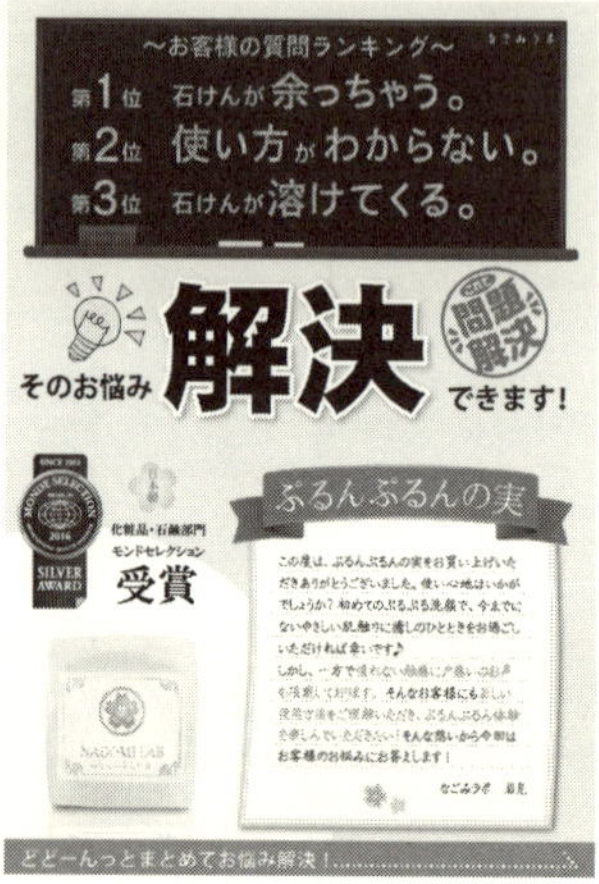

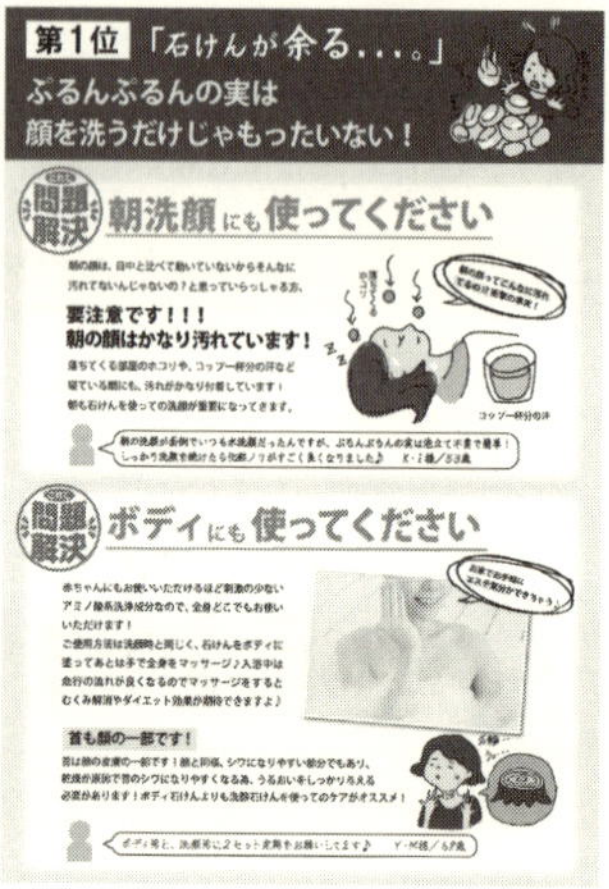

商品の使用状況を確認するツール

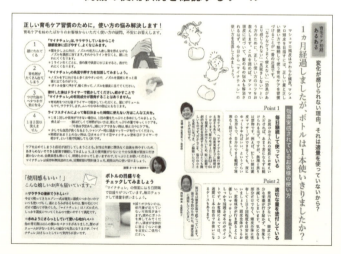

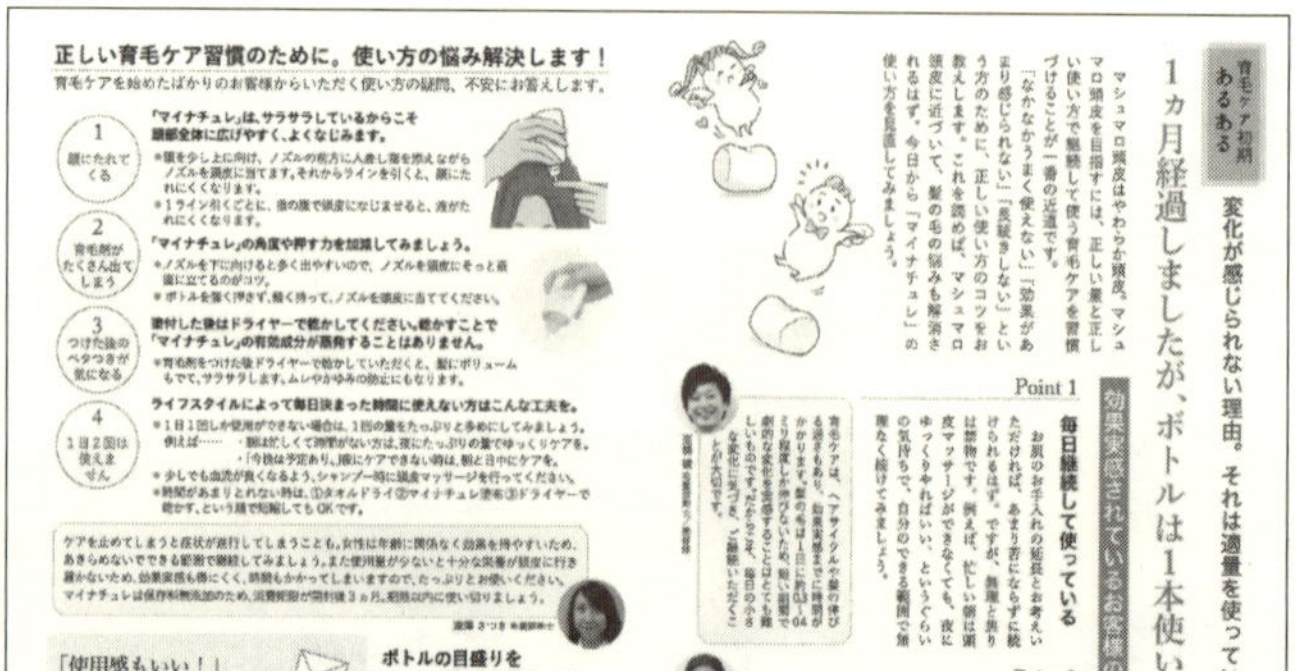

確認するツールを送っています。初回から商品が余るようでは、解約予備軍になるのは確実です。2回目という早いタイミングで確認を促すことで、商品の余りを極力防ごうという意図があります。

また、飲み忘れを防ぐシールやチェックシートを送付している会社もあります。これらも、お客様に商品の使用を常に意識させるのが目的です。両方とも、手ごろで使い勝手がよく継続を促すために活用したいツールと言えます。

6 客層に合わせた情報発信について

情報発信を行なう際に気をつけたいことは、自社のメイン客層の興味・関心・行動パターンを意識することです。自社のお客様は、実生活の中で何に興味・関心があるのか、その年代の方が、どのような行動パターンで商品を購入するのかを探っていくことが大切です。

ある健康食品通販の会社の担当者は、自社の主要客層が60代女性であることから、時間を見つけては、60代女性をターゲットとする雑誌を読んでいました。この担当者は、30代の男性だったので、会報誌等のツールを作るにあたって、お客様の関心事を探るためにこのような情報収集の努力を行なっていました。

ある健康食品通販の会社は、主要客層が70歳以上なので、健康情報だけでなく、「脳トレ」

WEB購入者にカタログを送付してリピート促進

を自社で作成し、商品と一緒に送付しています。クロスワードパズルやナンプレがあり、お客様が日常生活で楽しめるようなツールを用意しています。また、お客様が趣味で作った作品を紹介できるコーナーも用意しています。ご年配の方は、趣味で作った作品を発表したいという欲求を潜在的に持っており、その機会と場を提供しているのです。

あるカラーコンタクトの通販会社では、自社の主要客層が20代女性で、お客様の大半がスマートフォンからの商品購入です。通常の発想では、メールやLINEでのアプローチを考えますが、この会社では、メール・LINEでのアプローチに加えて、冊子カタログやハガキのDMも活用しています。お客様が、紙のツールを見てスマートフォンで購入するという行動をとることを把握しているためです。

ターゲットの話になると、「30代女性」というような設定をしている会社があります。しかし、30代の女性と言っても、30歳の女性と39歳の女性では考え方や興味・関心に当然のことながら差があるはずです。さらに30歳の女性の中でも、通販で商品を買うのが好きな人もいれば、お店で買う方が好きという人もいます。

漠然とした、30代女性というような見方ではなく、自社のお客様はどんなタイプの方が多いのかを観察、想像していくことが大切です。そのためには座談会、アンケートといった手法もありますし、雑誌やインターネットの情報から想像していくといったこともできます。日頃から、自社のお客様について想像をする癖をつけていってください。

7 ホームページでの情報発信について

ホームページでの情報発信のメリットは、表現できる情報の面積が広いこととタイムリーに発信できることがあげられます。商品や会社の紹介も、紙では面積の都合上、限界があるものもホームページを活用することで、多くの情報を見せることができ、魅力的に伝えることが可能になります。実際に、紙のチラシや広告では売れない商品でも、ホームページに誘導して情報を多く見せることで売れる商品もあるので、情報発信の手段も商品や目的に応じて検討していく必要があります。

ある鰻をメインとする食品通販の会社では、自社の強み、品質へのこだわり、おいしい食べ方、実績、梱包方法、よくある質問、スタッフ紹介といった情報をわかりやすく発信しています。特に、自社の強みと品質へのこだわりは訴求力が強く、商品の魅力を伝えることに成功しています。また、お客様の声は年に2000件近くあり、多くのお客様に喜ばれていることが伝わってきます。届いた商品の産地をロット番号から検索できるページも用意しており、お客様に安心感を与えています。

ある化粧品通販の会社では、スタッフブログを活用して、新商品の開発プロセスを紹介しています。ここで商品開発時の試行錯誤だけでなく、開発担当者の人柄や情熱も伝えることができます。時系列で進行しているプロジェクトは、ホームページ向きの情報です。

ある食品通販の会社では、自社サイトで商品に関連する多くの情報を整理して、継続して発信しています。商品自体の情報だけでなく、健康情報、料理レシピ等の商品の周辺の情報も併せて発信しています。このような発信は、短期的な集客にはつながりにくいのですが、リピート客に継続して情報発信を行なっていくという点で重要です。

ある化粧品通販の会社では、DMで告知しているキャンペーン情報をメールやマイページでも告知しています。これでDMを開封していないお客様にも、メールを見たり、マイページに来たりした際に、キャンペーン内容を伝えることができます。ホームページで発信する

会社の強みをホームページで伝える

うなぎはすべて国産
当店では主に鹿児島、宮崎、徳島、高知、三重などから
生きたうなぎを仕入れております。
また、お客様に安心してお召し上がりいただくために、
お届けする商品には、全てロットナンバーが入っており、
ひとつひとつ産地をお調べいただけます。
2009年からは、高知県の「直営養鰻場」で自社の
うなぎも育てております。
KAWASUI
時期、産地によりうなぎの質は変わります。
当店では、良質なうなぎを全国各地から仕入れております。
各産地からは必ず産地証明書を取り、各商品にロットナンバーを
入れてお届けさせていただいておりますので、お手元に届いた
うなぎがどこの産地なのかお調べいただけます。
産地の検索は
こちらから→
自社で作る秘伝のタレ
蒲焼きに使うタレは全て自社で作っております。
和食・居酒屋さんなど、タレだけをお買い上げ
いただくお客様もいるほど、とても美味しいと
ご好評いただいております。
外はサクッと中はふんわ〜り
じっくりと蒸しをいれた後に「強火の遠火」で
サクッと香ばしく焼き上げます。
上質な脂と秘伝のタレがご飯に良く絡んで
ご自宅で本格的な味がお楽しみいただけます！

当店最大の特徴
川魚特有のニオイがないこと
「職人による試食」で泥のニオイを「徹底的」にチェック。
国内の各産地から入荷したうなぎは味覚の敏感な
職人が抜き取りで試食検査を行います。
その際に、身質・味・川魚特有の泥のニオイが
ないかを判定します。
1人でも泥のニオイを感じたら、その日は一切、
調理しません。地下から汲み上げた綺麗な水が
流れる立て場(たてば)と呼ばれる場所で1日置き
泥のニオイを抜き取ります。
そしてまた同じように試食を行い、泥のニオイを
チェック、駄目ならまた立て場へというように、
繰り返し行い、徹底的にニオイを抜き取ります。
こうして5人の職人全員が納得して初めて蒲焼きの
調理に進みます。
ラーメン屋さんで例えると、満足のいくスープが
出来上がらない日は、お店を休むと聞いた事が
ありますが、それと同じ事です。
なぜこれだけ徹底して試食するのかと申しますと
実はうなぎが苦手な方の中には
「あの独特なニオイが苦手！」と言われる方が
いらっしゃるからです。
そういう方にうなぎを好きになってもらいたい！
いつも美味しいうなぎをお届けしたい！という想いで
毎日がんばっております！

川口水産株式会社(和歌山県)ホームページより

だけでなく、複数の手法で情報を伝えていくことが大切です。

8 独自性のある情報発信について

情報発信も、独自性を出すことで印象に残りやすく、かつ確実にお客様に情報を届けることができます。ちょっとしたアイデアや見せ方の工夫を織り交ぜるだけで、独自性のある表現にすることができます。

なかでも、カタログやＤＭでの商品案内は、独自性を発揮するのにはとても有効です。

ある総合通販の会社では、１年以上その商品を愛用しているお客様にカタログ紙面に登場してもらい、率直なお気に入りポイントを話してもらうことで商品案内につなげています。お客様の体験談にもとづく商品の紹介は説得力があります。

ある食品通販の会社では、カタログ紙面で、社内では人気があるのに売れ行きが期待ほどでない商品をピックアップして、「スタッフはおいしいと思うのに、あまり支持されていない３製品」というキャッチコピーで商品紹介しています。この会社では、毎回ユニークなテーマ設定をしており、「予想以上の反響に、工房がてんてこまいになった季節もの」「数量限定マークは本当か？」といった、お客様の目を引くキャッチコピーを活用しています。

一見、情報発信には使わないような納品書も、工夫をすることで活用することができます。

納品書にお客様へのメッセージを入れる

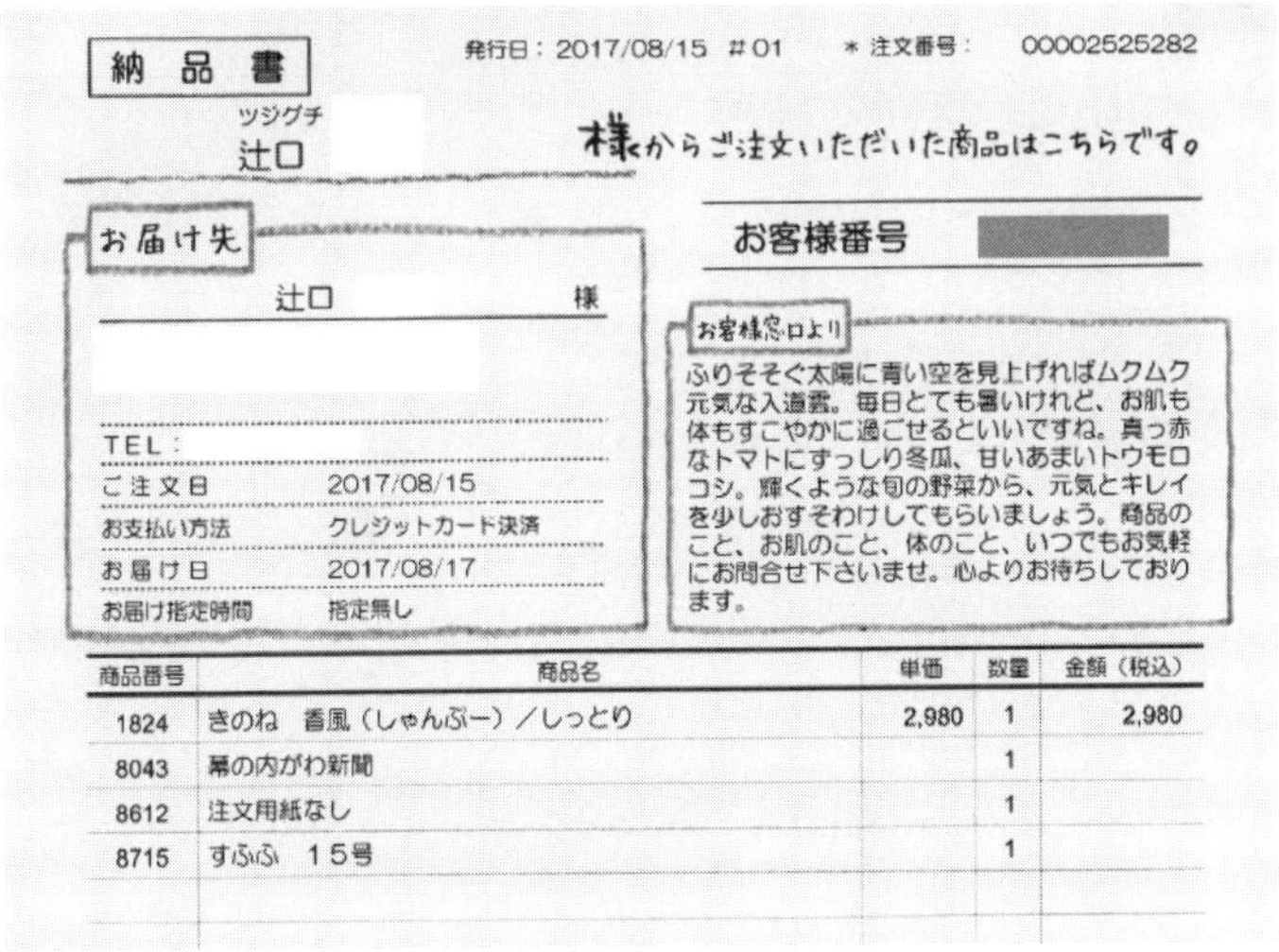

商品番号	商品名	単価	数量	金額（税込）
1824	きのね　香風（しゃんぷー）／しっとり	2,980	1	2,980
8043	幕の内がわ新聞		1	
8612	注文用紙なし		1	
8715	すぷぷ　15号		1	

ある化粧品通販の会社では、納品書のデザインを工夫しています。2ヶ月に1回デザインを変更し、季節感を表現するとともに、その時期に合ったお手入れアドバイスを、メッセージとして発信しています。

また、ある化粧品通販会社でも、納品書に「お客様窓口より」というコーナーを作り、お客様へのメッセージを発信しています。この納品書は、手書き風のフォントやイラスト等も使われており、親しみが感じられるようになっています。

ある健康食品通販の会社では、お客様の属性によって納品書での発信内容を変えています。初回購入者には定期コースの案内を発信し、定期コース会員にはクレジットカード決済の案内というように、

納品書で季節感を表現

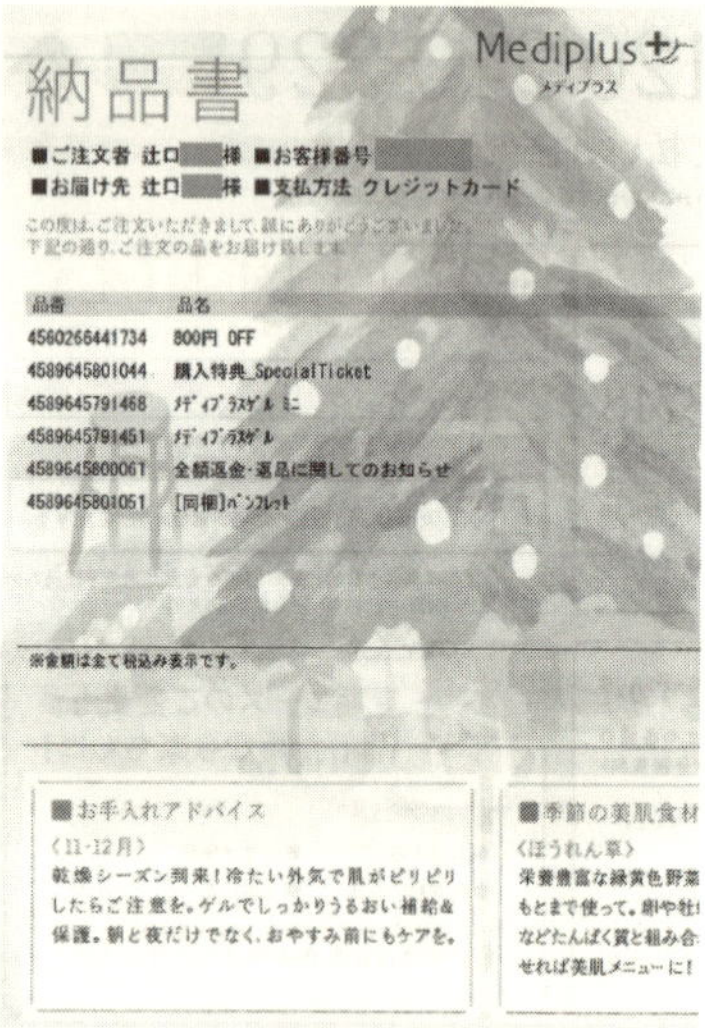

Mediplus メディプラス

納品書

■ご注文者 辻口[redacted]様 ■お客様番号[redacted]
■お届け先 辻口[redacted]様 ■支払方法 クレジットカード

この度は、ご注文いただきまして、誠にありがとうございました。
下記の通り、ご注文の品をお届け致します。

品番	品名
4560266441734	800円 OFF
4589645801044	購入特典_SpecialTicket
4589645791468	ﾒﾃﾞｨﾌﾟﾗｽｹﾞﾙ ﾐﾆ
4589645791451	ﾒﾃﾞｨﾌﾟﾗｽｹﾞﾙ
4589645800061	全額返金・返品に関してのお知らせ
4589645801051	[同梱]ﾊﾟﾝﾌﾚｯﾄ

※金額は全て税込み表示です。

■お手入れアドバイス
〈11-12月〉
乾燥シーズン到来！冷たい外気で肌がピリピリしたらご注意を。ゲルでしっかりうるおい補給&保護。朝と夜だけでなく、おやすみ前にもケアを。

■季節の美肌食材
〈ほうれん草〉
栄養豊富な緑黄色野菜
もとまで使って。卵や牡
などたんぱく質と組み合
せれば美肌メニューに！

お客様に応じて発信したい内容を変えているのです。

また、お客様とのコミュニケーションを増やす工夫をしている会社もあります。ある健康食品通販の会社では、毎月発行しているニュースレターに非常に難易度の高い「間違い探し」を掲載しています。問題の難易度が高いほど、お客様からの回答ハガキが多いとのことで、お客様とのコミュニケーションを密にすることにつながっています。

ある健康食品通販の会社では、商品の発送箱の底面に容器についての情報を印刷しています。お届けしている商品の容器がなぜビンなのか、そしてビンが環境にやさしい点をアピールしています。また、ある健康食品通販の会社は、商品の発送箱の表面では箱の開け方を、内側や底面ではスタッフのお客様への想いを寄せ書きにして表現しています。

独自性のある情報発信は、お客様の印象にも残り、強みのひとつになります。ぜひ現場スタッフやパートナー会社のアイデアを取り入れながら形にしていってください。

納品書で友人紹介やクレジットカード決済の紹介

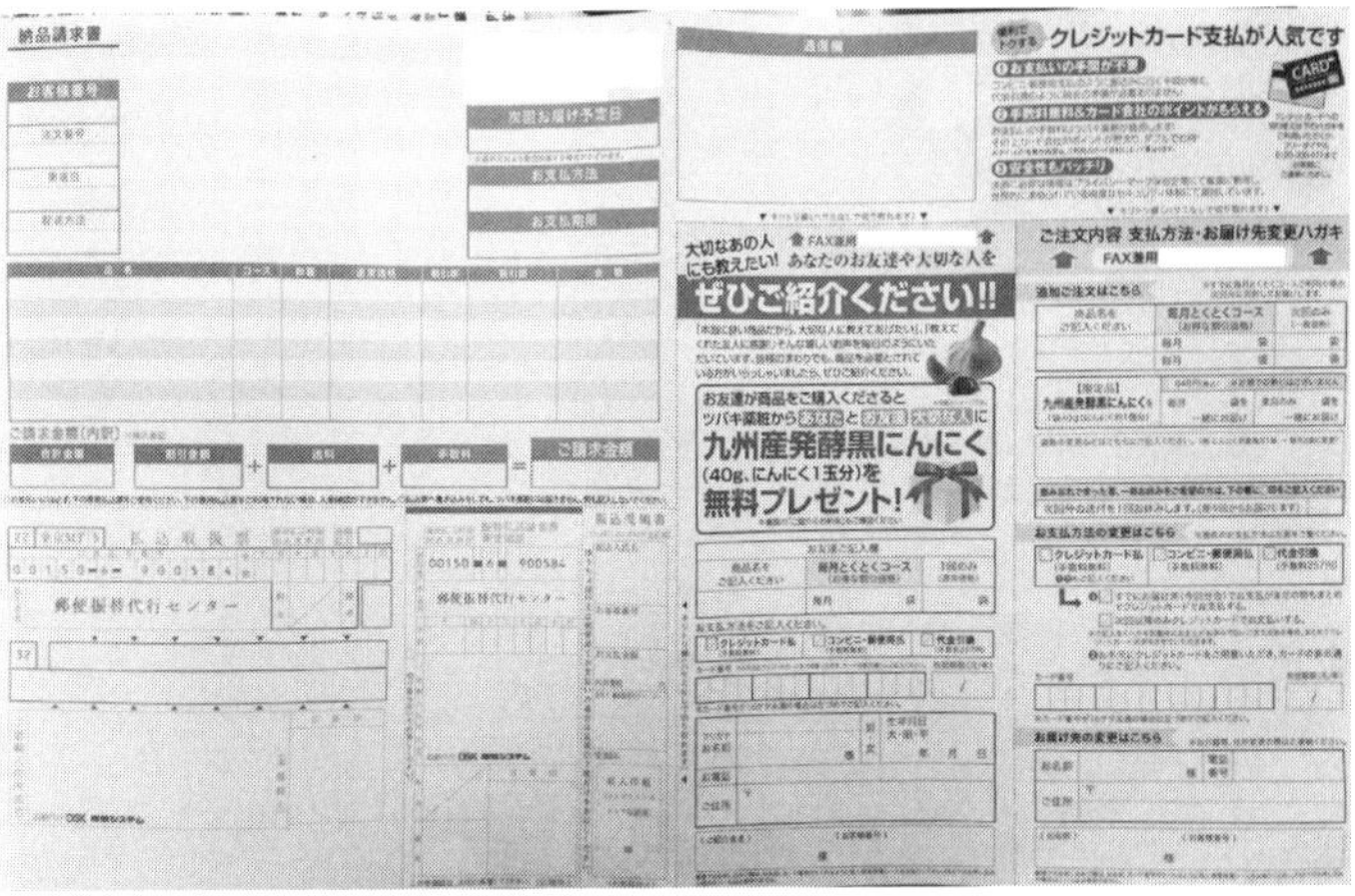

独自性のあるユニークな情報発信(カタログ)

9 お客様に覚えていてもらう取り組み

お客様に、商品や会社を覚えていてもらうことは大切な取り組みです。最も効果的なのは、手書きのお手紙です。心のこもった手紙は印象に残りやすく、かつ捨てにくいので手元に置かれやすくなります。ただ、これはお客様が多い会社ではなかなかできないので、その代わりに印象に残るようなご家庭で使ってもらえるツールを送り、お客様に商品や会社を思い出すきっかけにしてもらいます。

多くの会社で活用されているのは、カレンダーです。毎年12月にお客様にカレンダーを送り、ご家庭で使っていただくことで覚えてもらうことを狙っています。

1年間のカレンダーを送る会社が大半ですが、ある健康食品通販の会社では、定期コースのお客様に毎月1ヶ月分のカレンダーを送っています。台所の冷蔵庫に貼ってもらうイメージなのですが、多くの会社が1年分のカレンダー送る中、お客様にとっては使いやすく好評とのことです。

ある化粧品通販の会社でもカレンダーを送っているのですが、ホームページで毎月1ヶ月分を壁紙としてダウンロードできるようにしています。少しでもお客様の生活の中に入り込むことで、お客様に覚えていてもらおうという取り組みです。

カレンダーを壁紙として活用できる

毎月カレンダーを同梱する

7章

お客様対応による リピート促進

1 お客様対応によるリピート促進の考え方

お客様対応は情報発信と並ぶ、独自性を発揮できる重要な要素です。お客様への親身な対応はリピート購入だけでなく、長期的には新規客の獲得にもつながります。お客様の印象に残る対応をすることで、その会社のファンになるきっかけを作ることができます。親身な対応に感動したお客様は、レビューや口コミでその会社を褒めてくれ、その評判を見たり、聞いたりしたお客様が、新規客として商品を買うという流れができあがります。

お客様は、会社の認知度の高さや他社との比較ではなく、その会社が「信頼」できるか、その会社のことが「好き」かどうかという点を重視しています。お客様からの要望や苦情に、迅速に丁寧に対応したり、問い合わせに誠実に親身に答えるなど、一つひとつの対応によって、お客様はその会社のことを信頼します。特に中小企業は、大手ではできないことは何か、自分達の独自性を出せる対応はないかを考える必要があります。

お客様対応のポイントは、いかにそのお客様のことを考えるかということです。電話での会話をもとにお客様に手紙を書いたり、購入回数の多いお客様にはちょっとしたプレゼントを同梱したりと、ささやかな対応がお客様の心に残ります。お客様が喜ぶ対応をすれば、必ずお客様からも好意的な反応があり、それが販売する側の励みにもなるのです。

定期コース客にマスクケースをプレゼント

プレゼントに対するお客様のお礼のハガキ

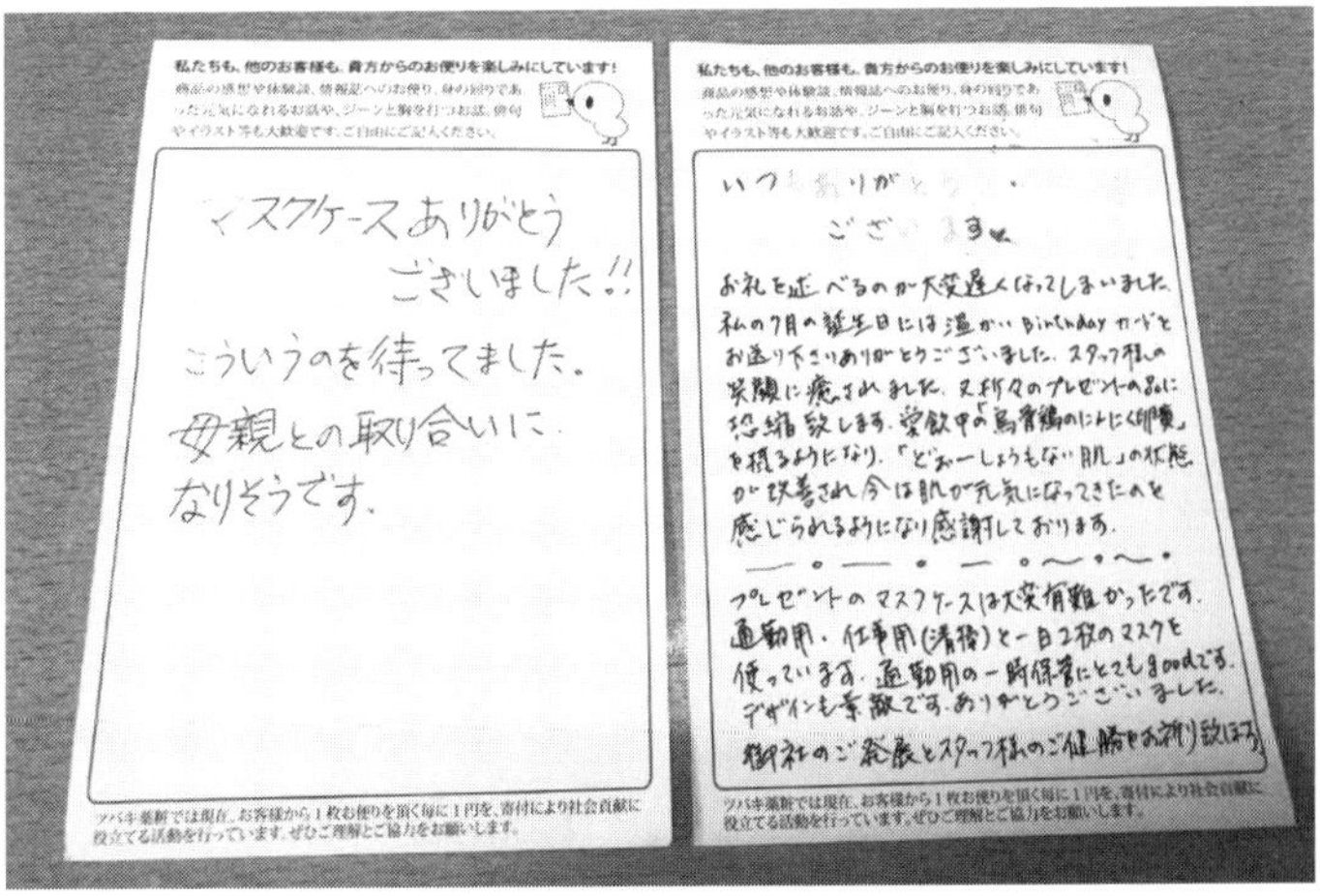

2 お客様に親身に対応する

親身なお客様対応は手間がかかるのと、その効果がわかりにくいため、しっかり取り組んでいる会社は多くありません。ただ、親身な対応は他社との大きな差別化になるので、スタッフ一同で力を合わせて取り組みたいものです。

ある健康食品通販の会社では、新規のお客様に一筆箋で3～4行のメッセージを添えて商品と同梱しています。その一筆箋にはスタッフの似顔絵が描かれており、人の気配や親しみを感じることができます。

お客様にお手紙を書いている会社の事例を紹介すると、みなさんからよく、「手書きの手紙って大切ですね」と言われます。そこで誤解があるのは、「手書き＝よい」というわけではないという点です。多くの会社がチャレンジして挫折するように、手書きのお手紙を書き続けることはたいへんなことなのです。大切なことは、そのお客様のことを想いメッセージを送ることで、そのことがわかる内容であれば、手書きでなくてもお客様には伝わります。

ある健康食品通販の会社では、お客様から来たお手紙には、すべて経営者自らが返事を出しています。手書きではなくパソコンで作成した手紙ですが、お客様から来たお手紙の内容をもとに文面を書いているため、お客様にはしっかり想いが届いているのです。

手書きのメッセージを添える親身な対応

また、ある健康食品通販の会社で、お客様にお手紙を送っているオペレーターの方がいるのですが、彼女もパソコンで作成したお手紙をお客様に送っています。手書きだと、書き損じや文面の内容を修正したいときに時間がかかってしまいますが、パソコンだと修正や変更も容易なので、継続した取り組みにすることができたそうです。内容も、お客様と電話で話したことをベースにしており、手紙を読んだお客様からお礼の電話がかかってくることもあるそうです。

オペレーターが、特定のお客様を担当してフォローしている会社は、オペレーターとお客様の間に信頼関係が生まれ、継続して購入するリピート客を増やすことができます。

手書きでなくても想いは伝わる

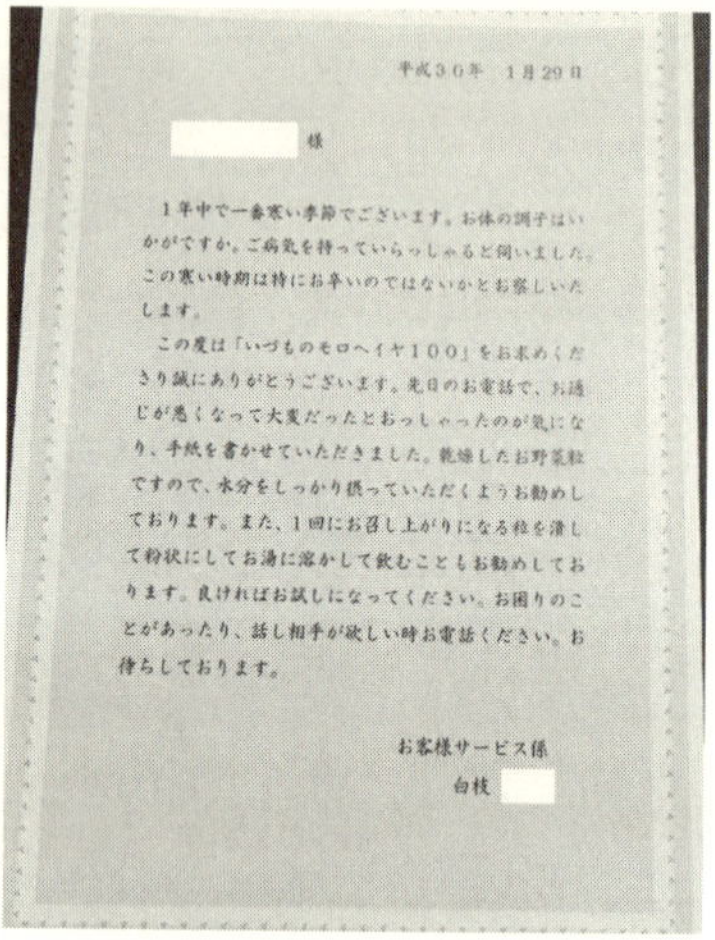

平成３０年　1月29日

様

１年中で一番寒い季節でございます。お体の調子はいかがですか。ご病気を持っていらっしゃると伺いました。この寒い時期は特にお辛いのではないかとお察しいたします。

この度は「いづものモロヘイヤ１００」をお求めくださり誠にありがとうございます。先日のお電話で、お通じが悪くなって大変だったとおっしゃったのが気になり、手紙を書かせていただきました。乾燥したお野菜粒ですので、水分をしっかり摂っていただくようお勧めしております。また、１回にお召し上がりになる粒を潰して粉状にしてお湯に溶かして飲むこともお勧めしております。良ければお試しになってください。お困りのことがあったり、話し相手が欲しい時お電話ください。お待ちしております。

お客様サービス係

白枝

ある健康食品通販の会社では、担当制でオペレーターがお客様をフォローしています。あるオペレーターは筆まめで、お客様が商品を購入するごとにお手紙を送っていました。イラストも非常に上手で、お客様の印象にも残り、継続したリピート購入を促すことに成功していました。

また、この会社ではイラストが上手なオペレーターは個人の会報誌を作成して、お客様へのDMとして送付しています。これも、お客様とコミュニケーションを取りたいという想いが背景にあります。会報誌だけでなく、ときどき直筆のメッセージが書かれた手紙も送っており、こうした親身な対応がお客様に喜ばれています。

お客様が注文で電話をした際に、「いつもありがとうございます」という一言があるだけでも、お客様は自分のことを認識してくれているという安心感を得ることができます。親身な対応はお客様の記憶に残るので、ぜひ常日頃から心がけるようにしてください。

担当者からのお手紙

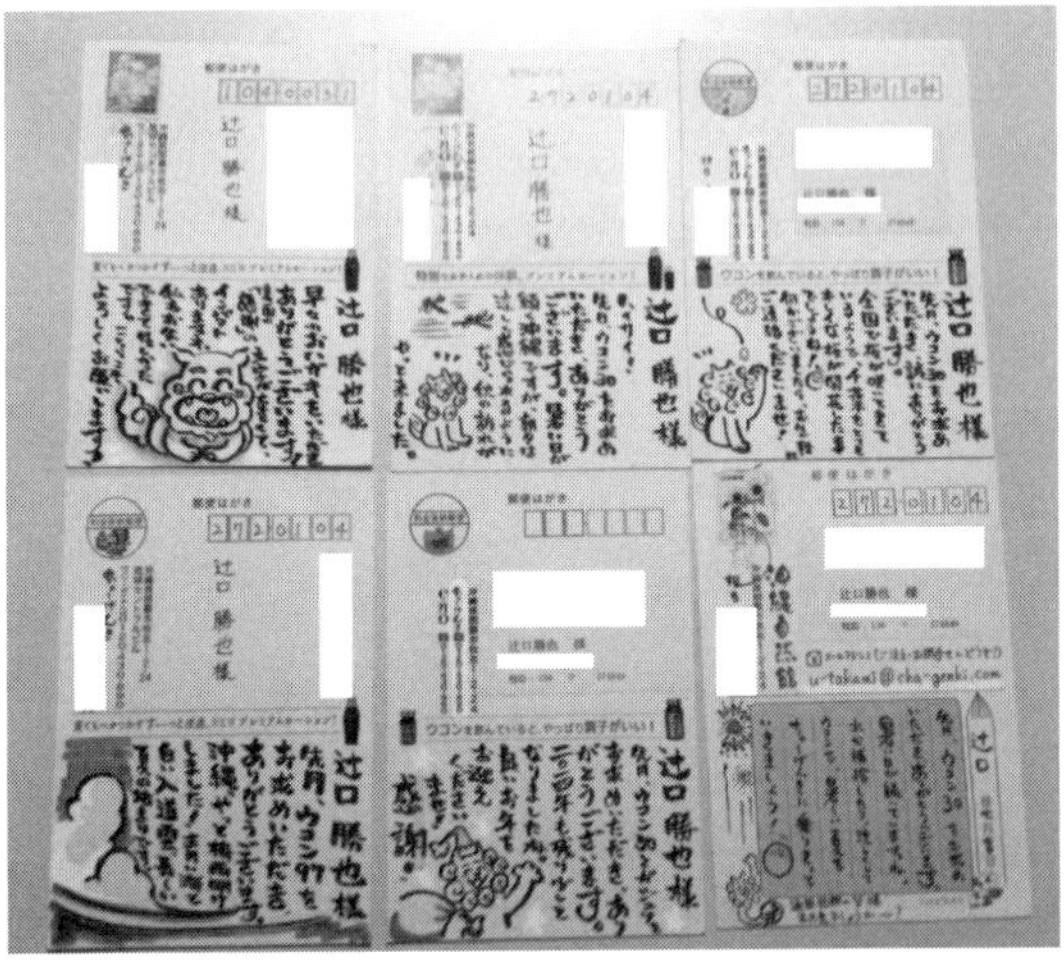

オペレーター個人が作成した会報誌

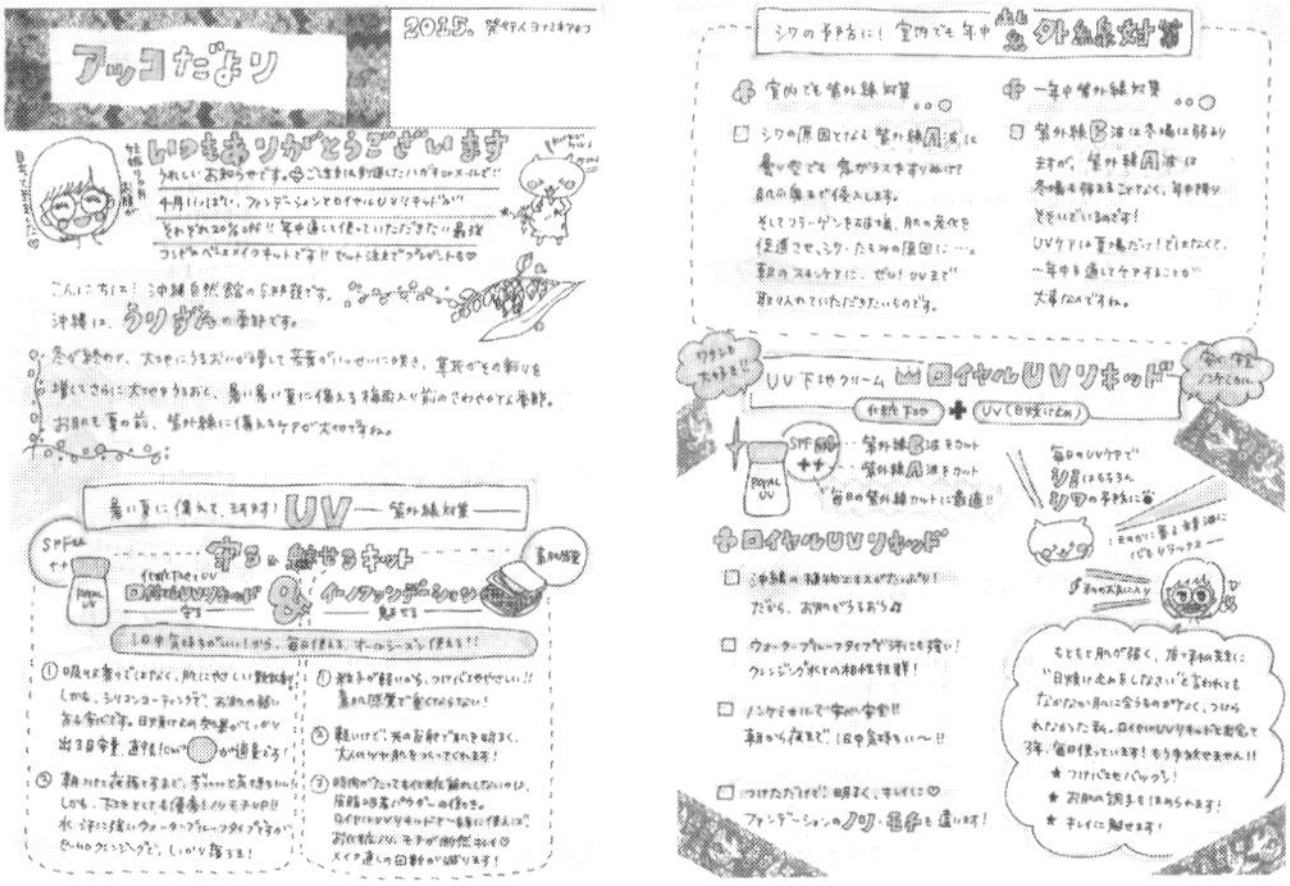

3 優良客への特別対応について

購入回数が多いお客様には、優良客として特別な対応で感謝の気持ちを表わすことが大切です。優良客を一人失った場合、新規客を何人獲得しなくてはならないかを考えてみると、その存在の大切さが理解できるはずです。

もし、お客様全員に何か還元したいと考えたとしても、費用面を考えると現実的ではありません。何かプレゼントを贈って還元しようと考えた場合、費用がかかるうえに一人当たりにかけられる費用も限られ、お客様に喜ばれるプレゼントを選ぶのは容易ではありません。そこでまずは、優良客から感謝の気持ちを表現していくことをお勧めします。

優良客は、商品や会社への信頼をもとにリピートしてくれているので、感謝の気持ちを表わしてほしいとは思っていない方が多いものです。そのため、過剰なサービスやプレゼントをするのではなく、ささやかな感謝の気持ちを表現する方が喜ばれる傾向があります。

ある化粧品通販の会社では、初回購入日を起点としてお付き合いの長いお客様に、感謝の気持ちを込めたメッセージとプレゼントを送っています。こうしたちょっとした心遣いが、お客様にはよい印象を与えます。

また、ある化粧品販売店では、年間購入金額によって優良客を定義し、そのお客様には誕

優良客のお誕生日にお花をプレゼント

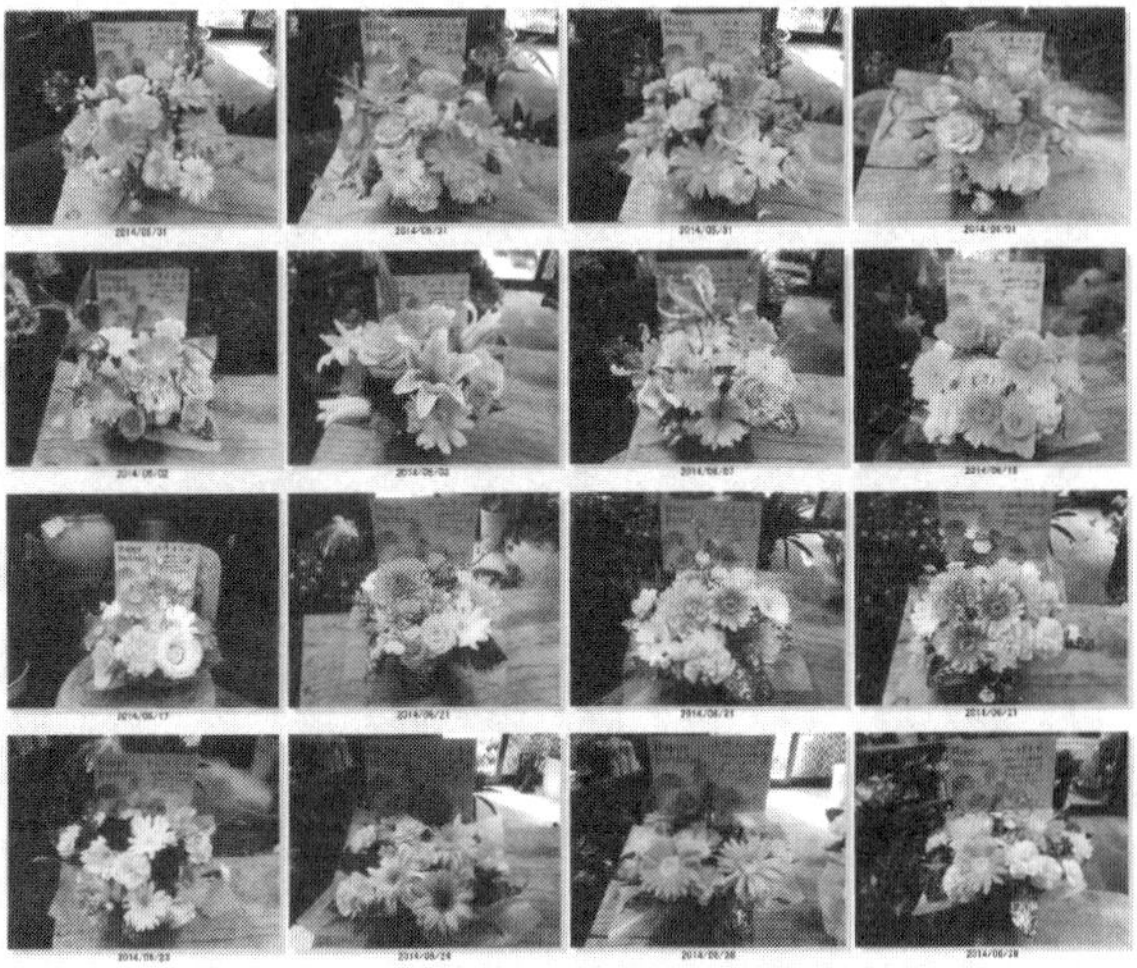

生日にお花を贈るサービスをしています。地元のお花屋さんと提携し、メッセージカードと一緒に送付しています。誕生日にお花をくれるお店などそうそうないので、お客様は非常に喜ぶとともに、さらに継続したリピート購入にもつながっています。

これは私自身の経験ですが、ある健康食品通販の会社から、誕生日にバースデーカードを贈ってもらったことがありました。クーポンや割引の案内はなく、バースデーカードのみが送られてきました。もらってすぐに商品は購入しませんでしたが、後日、機会があったときにその会社から商品を購入しました。今でも、そのバースデーカードは捨てずに大切に保管しています。

お付き合いの長いお客様に
感謝のプレゼント

よく、優良客に特別対応をした場合の費用対効果を質問されることがあります。通販会社は日頃から、数字での測定に敏感なため、何事も費用対効果を測りたくなる傾向があります。実際のところ、優良客に特別対応をしても、短期的には特に数字上の変化はありません。

たとえば、優良客に何かプレゼントを贈ったとしても、それですぐに売上げが上がることはありません。よって、優良客への対応は利益の還元で考えるのがお勧めです。かけた費用に対して売上げを求めるのではなく、いただいた売上げ・利益の中から、感謝の気持ちとともに還元するという考え方です。

ある化粧品通販の会社では、優良客をお招きするレストランでのイベントを1日限定で開催しています。その化粧品で使われている原料を使った料理を用意し、事業に携わるスタッフ一同でおもてなしをしています。この企画は会社側が優良客に感謝を表わしつつ、交流し、より深い絆づくりを目指すことを目的としています。商品のブランド力アップにもつながる

リピート客にバースデーカード

優良客を招待するイベントを開催

取り組みとして、毎年開催しています。

4 積極的にお客様との接点を持つ

お客様からのアクションを待つだけでは、お客様と関係性を築くことはできません。そのため、会社側もお客様と接点を持つ場を作ることが大切です。お客様と接点を持つ目的は、お客様のことを知ることとお客様に自分達の伝えたい情報がしっかり伝わっているかを確認することです。

会社が知っていることをお客様も知っているというのが理想の状態とすると、会社が知っていることをお客様は知らない、お客様が密かに感じている不満を会社側が知らないという状態は問題です。お客様と会うことで、お客様に伝えたい情報が伝わっているか、お客様が不満に感じていることはないか、を探ることで、お客様視点を知ることができます。

ある化粧品通販の会社では、毎月社員がお客様のご自宅を訪問して、インタビューをするという取り組みを10年以上続けています。インタビュー内容は、定期的に発行している会報誌やお客様の声ツールで紹介しています。直接、社員がお客様と会うことで、喜びの声やサービスへのご意見等、あらゆる声を聞くことができています。

また、ある健康食品通販の会社では、経営者が必ず毎月お客様に会いに行くという取り組

お客様と接点を持つ

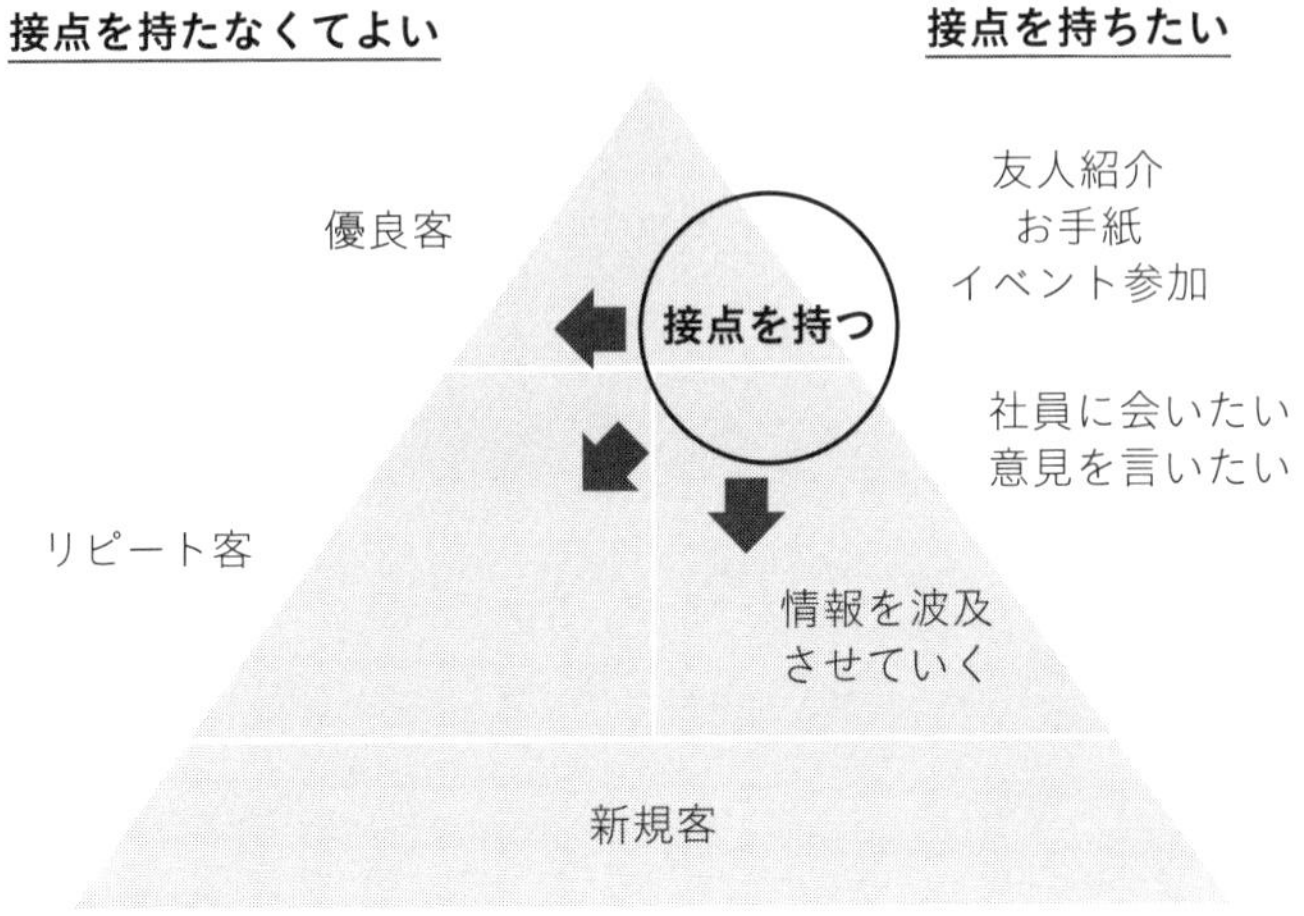
接点を持たなくてよい
接点を持ちたい
優良客
接点を持つ
友人紹介
お手紙
イベント参加
社員に会いたい
意見を言いたい
リピート客
情報を波及
させていく
新規客

みを継続しており、その様子をホームページや商品に同梱するツールで情報発信しています。この会社では、日頃からお客様訪問を担当している社員もいて、数多くのお客様に会うことに成功しています。

現実的に、お客様全員と接点を持つことはできません。お客様には、会社と接点を積極的に持ちたいと考える人と特に接点を持たなくてもよいと考える人がいます。会社と接点を持ちたいお客様は、機会があれば社員に会いたい、意見を言いたいと考えている方々です。これらのお客様はお電話をくれたり、お客様の声ハガキを送ってくれたり、イベントがあると申し込む、といった行動を起こします。会社と接点を持ちたくないお客様にはアプローチしづらいので、まずは接点を持ちたいお客様が対象

お客様インタビューを会報誌で紹介

蘭夢ケイコのきょうも元気で 第46回

さんを訪ねました。

全国各地にいらっしゃる「蘭夢」のご愛用者さま。どんな日々の中で、「蘭夢」をお使いくださっているのか、勤務や使い心地も伺ってみたい。そこで、「蘭夢」スタッフのケイコが、日本全国を元気に駆け巡ります。題して「蘭夢ケイコのきょうも元気で」。皆さまの健康を願って、ケイコの蘭夢パワー…を振りまきますよ。どうか、温かくお迎えください。

となります。ただ、購入回数が多くて接点を持ちたくないお客様も、決して会社のことを嫌いなわけではありません。接点を持ちたいとまでの想いはありませんが、商品や会社についての信頼はしっかり持っていてくれています。

会社としては、まず購入回数が多く、かつ会社と接点を持ちたいというお客様から接触していき、そこでの触れ合いや得た情報をお客様全員に発信していきます。会社と接点を持ちたくないと思っているお客様も、会社から発信される情報を見て、お客様と触れ合う様子から会社の姿勢を感じ取ります。

ある健康食品通販の会社では、オペレーターが電話を通じて親しくなった購入回数の多いお客様に会いに行く取り組みをしていて、その様子を会報誌で紹介しています。また、会社までオペレーターに会いに来るお客様もいて、その様子も紹介しています。そうした情報を見て、オペレーターに会いに来るお客様も増え、より深いコミュニケーションを取れるようになっています。

5 お客様の声を積極的に集める

通販は店舗と違って対面で接客ができないので、お客様のちょっとした仕草から不満を感じ取ることや、直接ご意見を聞くことができません。そのため、会社側から積極的にお客様の声を集める努力をし、その声に対してフィードバックしていく必要があります。

ある健康食品通販の会社では、お客様からいただいた要望をすべてデータベース化して、自社の改善のヒントにしていました。事業責任者の方は、「お客様の要望に基づいて日々改善をしていくだけでリピートのお客様は増えていくのです」と述べておられました。

ある化粧品通販の会社では以前、サービス改造計画という施策を行なっていました。これは、お客様からいただいた要望のうち、改善できたものをホームページ上で公開していくという取り組みです。このようなフィードバックがあると、要望をくださったお客様も安心感や満足感を持つことができます。

より多くのお客様の声を聞きたい場合には、アンケートを活用します。費用をあまりかけ

サービス改造計画

サービス改造計画
メディプラスゲルを最後まで
使い切れるようにして欲しいです！
改造できました
ついに改造に成功！
ゲルが滑りやすいボトルになりました！
たくさんの改造のご要望をいただいていたメディプラスゲルの容器。
今までは容器の内側にゲルが付着し、最後まで出てこないために使いにくいという状態でした。お声をもとに容器を改良し、逆さにしてしばらくおくと、中のゲルが落ちてきやすくなっています。
最後までポンプを使って出すことができず、ご不便をおかけしますが、それを考慮し180gより少し多めの容量となっておりますので、ご容赦いただけますと幸いです。

られない場合は、メールで募集するか商品発送時にアンケート用紙を同梱するという方法をとります。この場合は、回答数が多く得られない可能性があるので、質問数を少なくしたり、抽選でプレゼントを用意するといった工夫が必要です。

ある化粧品通販の会社では、定期的にメールでお客様にアンケートを実施しています。お客様に商品やサービスの満足度を聞いたり、新商品の開発前にお客様の使用動向を聞くなど、さまざまな質問を定期的に問いかけています。満足度については、時系列で数字を見て、お客様の満足度が上がっているかを確認しています。

また多くの質問を設定し、よりくわしくお客様の声を聞きたい場合には郵送でアンケート用紙を送っています。お客様を３００

アンケート結果は集計してツールにする

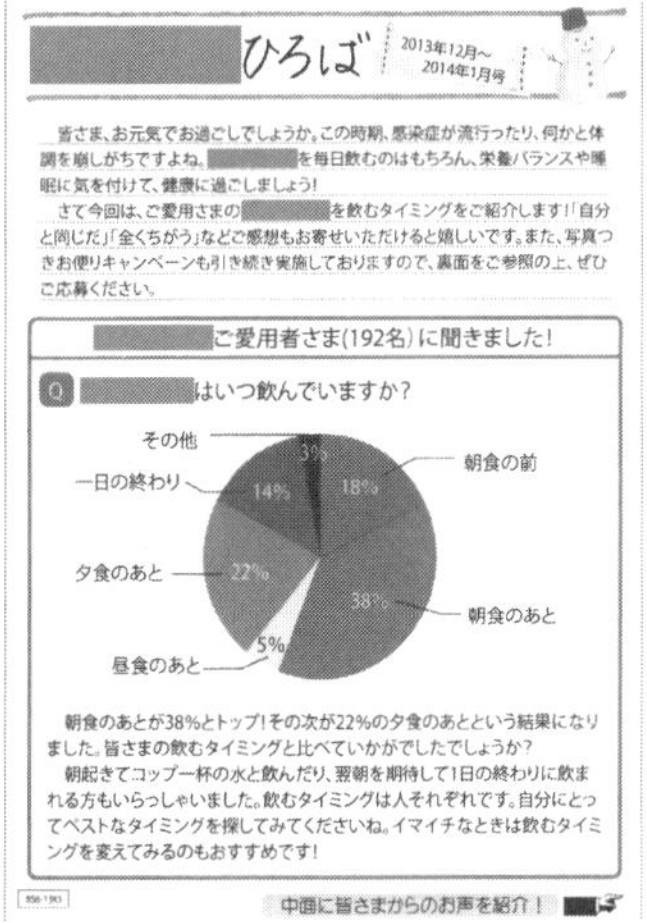
[redacted]ひろば　2013年12月～2014年1月号

皆さま、お元気でお過ごしでしょうか。この時期、感染症が流行ったり、何かと体調を崩しがちですよね。[redacted]を毎日飲むのはもちろん、栄養バランスや睡眠に気を付けて、健康に過ごしましょう！

さて今回は、ご愛用さまの[redacted]を飲むタイミングをご紹介します！「自分と同じだ」「全くちがう」などご感想もお寄せいただけると嬉しいです。また、写真つきお便りキャンペーンも引き続き実施しておりますので、裏面をご参照の上、ぜひご応募ください。

[redacted]ご愛用者さま(192名)に聞きました！

Q [redacted]はいつ飲んでいますか？

朝食のあとが38%とトップ！その次が22%の夕食のあとという結果になりました。皆さまの飲むタイミングと比べていかがでしたでしょうか？

朝起きてコップ一杯の水と飲んだり、翌朝を期待して1日の終わりに飲まれる方もいらっしゃいました。飲むタイミングは人それぞれです。自分にとってベストなタイミングを探してみてくださいね。イマイチなときは飲むタイミングを変えてみるのもおすすめです！

中面に皆さまからのお声を紹介！

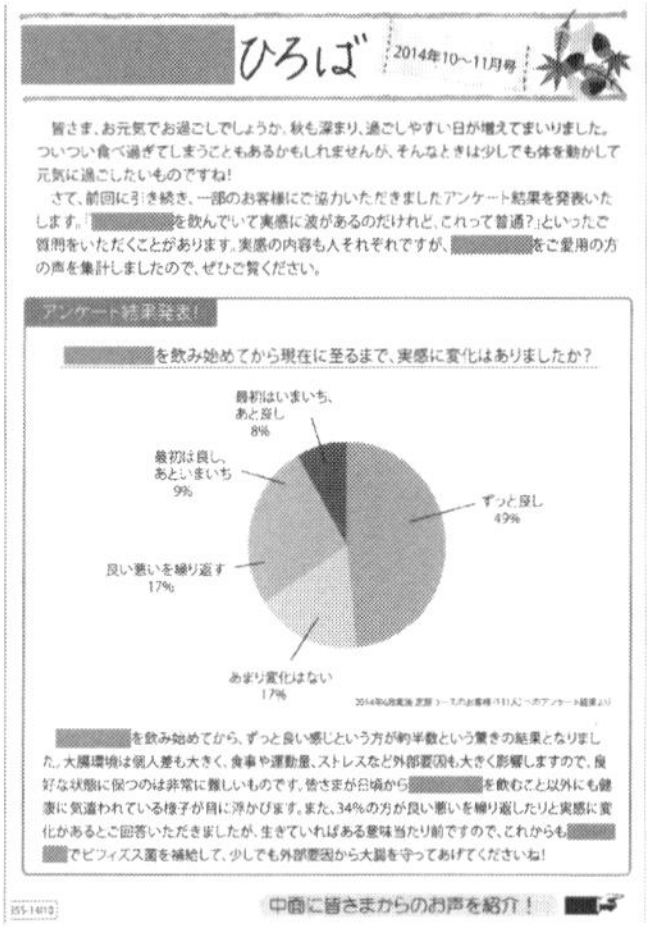
[redacted]ひろば　2014年10～11月号

皆さま、お元気でお過ごしでしょうか。秋も深まり、過ごしやすい日が増えてまいりました。ついつい食べ過ぎてしまうこともあるかもしれませんが、そんなときは少しでも体を動かして元気に過ごしたいものですね！

さて、前回に引き続き、一部のお客様にご協力いただきましたアンケート結果を発表いたします。「[redacted]を飲んでいて実感に波があるのだけれど、これって普通？」といったご質問をいただくことがあります。実感の内容も人それぞれですが、[redacted]をご愛用の方の声を集計しましたので、ぜひご覧ください。

アンケート結果発表！

[redacted]を飲み始めてから現在に至るまで、実感に変化はありましたか？

[redacted]を飲み始めてから、ずっと良い感じという方が約半数という驚きの結果となりました。大腸環境は個人差も大きく、食事や運動量、ストレスなど外部要因も大きく影響しますので、良好な状態に保つのは非常に難しいものです。皆さまが日頃から[redacted]を飲むこと以外にも健康に気遣われている様子が目に浮かびます。また、34%の方が良い悪いを繰り返したりと実感に変化があるとご回答いただきましたが、生きていればある意味当たり前ですので、これからも[redacted]でビフィズス菌を補給して、少しでも外部要因から大腸を守ってあげてくださいね！

中面に皆さまからのお声を紹介！

～500名ほどピックアップして、質問票と返信用封筒を送ります。返信者全員にプレゼントを用意することで、返送率を上げることができます。

6 梱包・配送へのこだわり

発送時の商品の梱包については、こだわっている会社が少ないため、差別化のひとつになります。お客様は、商品が届いた瞬間に一番心が高ぶり、かつその会社や商品への関心を示すタイミングなので、そこで印象に残るかどうかは重要です。梱包の際、一番上に挨拶状を入れるのか、納品書を入れるのか、ちょっとしたところでお客様の印象には差が出てきます。

ある化粧品販売店では、「お客様が箱を

箱を開けた瞬間にメッセージが見える

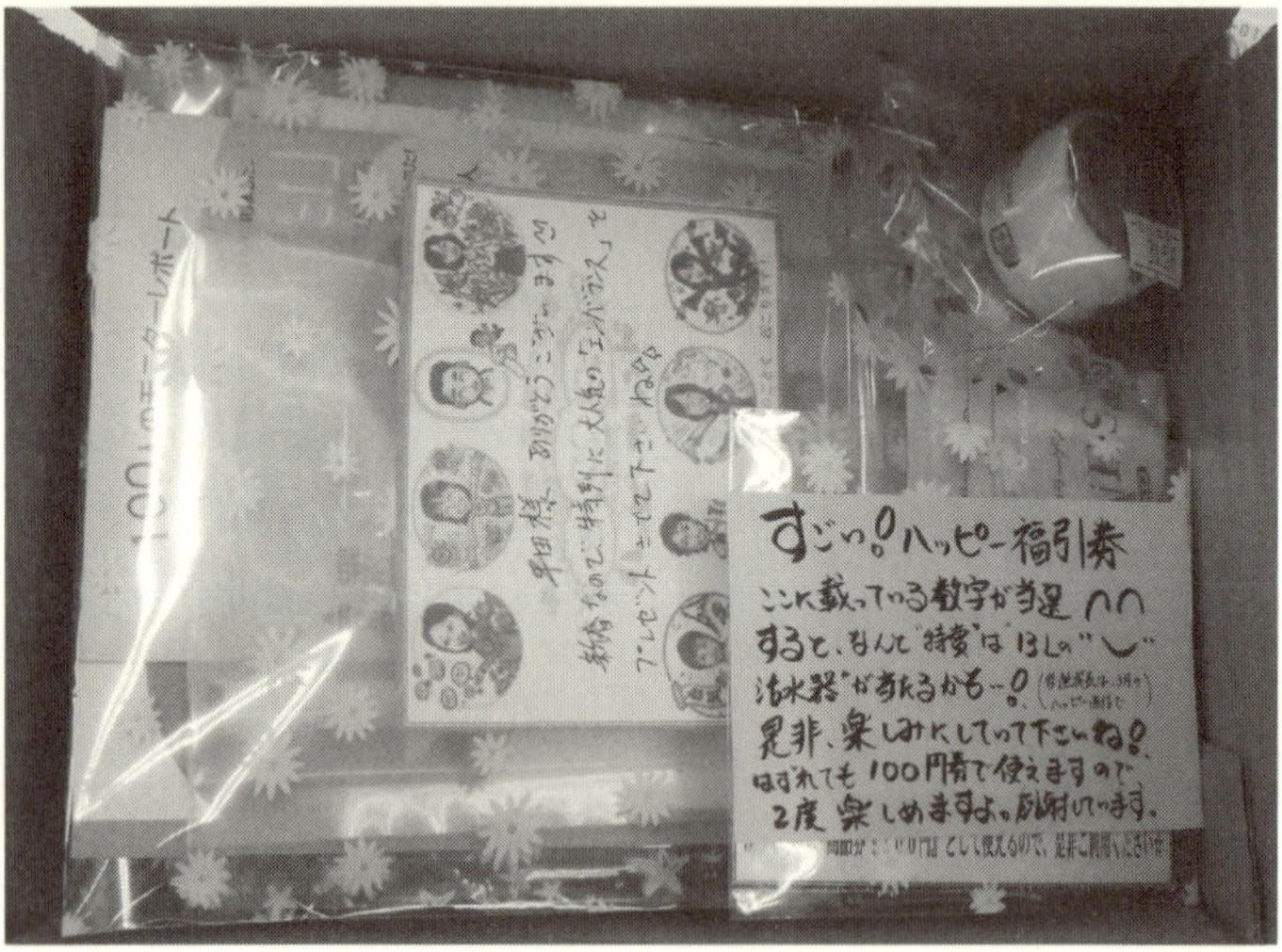

開けた瞬間に笑顔になるように」ということを意識して、商品の梱包を行なっています。そのため、梱包時に手書きのメッセージを最後に入れて、開けると最初に目に飛び込むようにしています。このお店では、箱の外側に「この荷物はやや重いので持ち上げるとき気をつけてください!」というメッセージを書いたり、笑顔のハンコを押したりと、梱包もお客様とのコミュニケーションの一貫という視点で取り組んでいます。

　ある化粧品通販の会社では、発送箱の外装にデザインを配し、商品が届いた瞬間から楽しさを演出しています。箱では印刷しづらい細い線のデザインも、印刷会社と協議して実現するほどの念の入れようです。お客様は、箱を開ける前からちょっとした心の高ぶりを感じることができます。

商品の梱包に関しては、過剰か簡素かという問題がつきまといます。さまざまなタイプのお客様がいるので、丁寧に梱包をすると過剰だと言われ、簡素にすると物足りない、ちゃんとしてほしいと言われます。

ある総合通販の会社では、この点に悩んだあげく、お客様に梱包方法を選んでもらうという解決策を編み出しました。商品を注文する際に、ショッピングカート内で梱包方法を選べるよう選択画面が出てきます。各梱包方法については、ホームページ上で公開されていて、お客様は自分でしっかりした梱包か簡易的な梱包かを選ぶことができるようになり、梱包方法についてのご意見はほぼなくなりました。この会社では、梱包スタッフをホームページ上で紹介したり、緩衝材を手際よく廃棄する方法を紹介したりと、梱包に関するさまざまな情報も公開しています。

ある化粧品通販の会社では月に数回、配送会社と打ち合わせの場を持ち、お客様からのクレームの共有や改善策の協議を行なっています。このような取り組みを重ねることで、配送品質の向上を図ることができています。

梱包も配送も、何気なく取り組んでいる会社が多いので、差別化になる要素だと認識して自社独自の取り組みを検討してみてください。

7 イベントを開催する

イベントの開催は、お客様と社員が直接触れ合うことができる貴重な機会になります。通販は店舗と違って対面での接客がないので、お客様の生の声を聞くことができる大切な場になります。

イベントを開催し、お客様と一緒に楽しむ機会を作ることで、ファン化を実現することができます。お客様自身が体験したことは記憶にも残りやすいのと、他の多くのお客様とも交流ができ、商品や会社への愛着がより増していくことになります。

イベントの開催では、イベントの目的を、事前に明確にすることが大切です。売上げなのか、自社のお客様がどのような人なのかを直接感じることなのか、お客様の生の声を聞くことが目的なのか、開催前に決めておくと、振り返りもしやすくなります。

ある化粧品通販の会社では、年に1回、お客様の子供が描いた絵を募集するというイベントを企画しています。応募のあった絵は、すべてホームページで公開するとともに、3日間のイベントを本社で開催し、すべての絵を展示して、お客様が見に来られるようにしています。イベントでは絵を見るだけでなく、子供たちが化粧品を作る体験教室や遊びのコーナー、プロのカメラマンによる撮影会も実施されていて、楽しめる工夫が用意されています。そし

地元客向けのイベント

て大賞に選ばれた作品は、その絵をボトルに印刷した限定商品を作るといった特典が用意されています。お客様への感謝を表現することから始まった企画は年々進化しており、もう10年以上続く人気イベントになっています。

地方の食品メーカーでは、売上げと地元客との触れ合いという目的から、多くの会社が本社や工場を活用してイベントを開催しています。

ある酒造メーカーは、年に1回、蔵開きを開催し、地元のお客様にしぼりたての新酒を無料で振る舞ったり、限定商品の販売を行なったりしています。落語会やライブのような楽しい企画もあり、毎年多くのお客様で賑わっています。

また、ある食品メーカーでは、地元の

方を対象に、夏は「そうめん流し」、冬は「うどん祭」というイベントを週末に開催しています。これは、無料でそうめん・うどんが食べられるというもので集客力もあり、売店での売上げにも貢献しています。長年継続して行なっていることもあり、地元での認知度も高く、リピート客で賑わっています。

初めてイベントを開催する会社は、まずは小さく始めることをお勧めします。ある食品メーカーが地元でイベントを企画した際には、本社前の駐車場や本社会議室を会場にして実施しました。会場費用も最小限ですみ、実際の運営でも、場所が本社なのでさまざまなイレギュラーな出来事にも対応できました。

いきなり大がかりなイベントを企画するのではなく、まずは身の丈に合った小さな規模の企画にチャレンジしていくことをお勧めします。

8 商品理解を深めるための勉強会を開催する

通販業界に限らず、勉強会を開催する会社が増えてきています。有名なコーヒーチェーンや食品スーパー等でも、商品理解を深めてもらうためやファンづくりのために勉強会を開催しています。1回あたりの参加人数は少人数であっても、直接商品のよさを伝えることでお客様の理解度が高まり、多くの方が優良客へと育っていきます。

ある化粧品通販の会社では、「お肌の教室」というタイトルで勉強会を開催していました。経営者自らが講師を務め、参加者からもわかりやすいとたいへん好評な会でした。実際にその後、参加者の分析をしてみると、リピート客が参加した場合、実に90％以上の方が、その後も現役客として商品を買い続けていることがわかりました。

勉強会は、参加人数が多い方が効率的なイメージがありますが、実際は少人数の方が参加者の理解度が高く、親身にフォローできるので参加者の満足度も高いのです。

勉強会を企画して参加者が2～3名だった場合でも中止せず、実施した方がよいということは覚えておくとよいでしょう。

ある化粧品販売店では、月に1回、化粧品の正しい使い方の勉強会を開催していました。参加人数は16名を上限として、申し込みが多い場合は、別の日に開催するようにしていました。これは、1回の勉強会でフォローできる人数を重視したためです。

勉強会の内容を化粧品の正しい使い方にしたのは、初めて勉強会を開催したときに、我流で化粧品を使っているお客様が多いことに気がついたためでした。そこで、化粧品の正しい使い方を教えることにしたところ、お客様はより綺麗になれるとともに商品の使用量も増え、リピート促進にもなりました。加えて、勉強会はお客様も一人で参加するのは不安なので友人を連れてきてくださる方も多く、新規のお客様との出会いにもなりました。このお店では、参加費500円をとることで冷やかし目的の方の参加を防ぐことができました。

勉強会は、自分達で講師ができるのがベストなのですが、難しい場合にはパートナー会社の協力を仰ぐ必要があります。

ある自然食品販売店では、毎月1回、仕入れ先メーカーの方を呼んで、商品の勉強会を開催しています。お客様の来店促進と新規のお客様との出会いの場になるとともに、毎月の安定した売上げにも貢献しています。また、勉強会に参加したお客様はリピート購入する割合が高く、お客様が商品について理解していることがうかがえます。

勉強会は一見、手間がかかり非効率に感じられますが、その場でお客様に商品理解をしっかりしてもらえれば、優良客に育つ可能性は高くなります。お客様は知識が増えるほど、購入意欲が増していく傾向があるので、その点でも勉強会は有効です。そして、勉強会の講師を社員に任せると、社員も商品についてより勉強するので、社員の成長にもつながり、その点でもメリットがあります。

事業規模が小さくて、広告予算がなかなか取れない会社には、お客様との出会い、売上アップの両面でメリットがあるので、積極的に取り組んでほしいものです。

9 お客様を会社に招く

お客様を会社に招いてお会いすることは、いくつものメリットがあります。まずお客様の

お客様を座談会で会社に招く

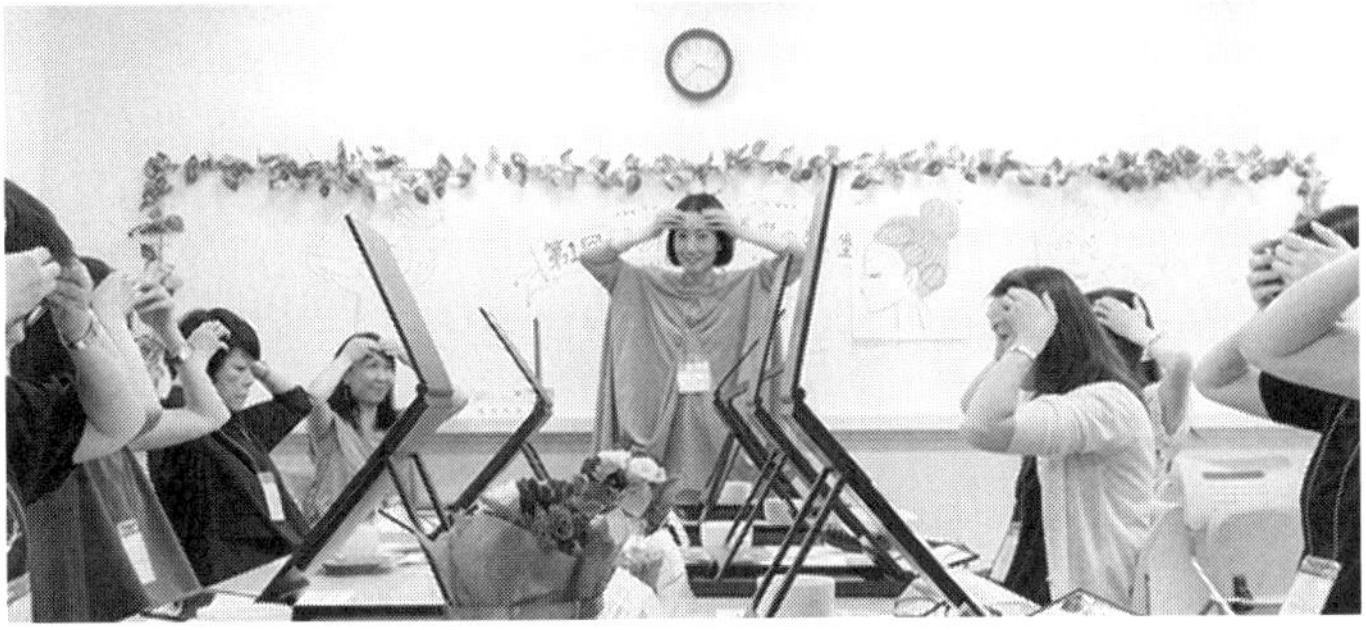

生の声を聞くことで、今後の販促施策に活かすヒントを得ることができます。さらに、直接お会いして会社や商品の説明をすることができ、会社の信頼度や商品理解を深めていただくことにたいへん役立ちます。

座談会、工場見学など、さまざまな企画を立てることで、会社にお客様を招くことができます。

定期的に座談会を開催することは、すぐに取り組めるうえに、お客様を知る、お客様視点を知るという点で大切です。人数は5〜6名くらいで十分なので、話しやすい雰囲気を作りながらお客様の本音を聞き出します。

ある化粧品通販の会社では、定期的に座談会を開催しています。広告やツールを見てもらい、お客様から忌憚のない意見を聞くのが目的です。お茶とケーキを用意し、リラックスしてもらいながら、お客様の感じたことを聞いていきます。ときに厳しい意見をいただき落ち込むこともありますが、貴重な意見として今後の施策に役立てています。

工場見学

また、ある育毛剤通販の会社でも座談会を企画して参加者を募集したところ、想定より応募が多く、2日に分けて開催しました。お悩み商材なのでどうか、という不安はあったのですが、参加者の満足度は非常に高く、会社にとっても学びが多い機会になりました。

一般的に多くの食品メーカーでは、工場見学を日常的に実施しています。お客様は製造工程を見ながら、社員の説明が聞けるので、商品や会社への信頼、安心・安全を感じることができ、リピート購入によい影響を与えます。

ある健康食品通販の会社では、自社で商品を製造しているのですが、工場見学を一年中受け入れていて、お客様に自社商品の製造工程や会社の姿勢をアピールしています。見学者にスタッフが一名つき、原料や製造工程の説明を見学しながら行なってくれます。見学者は、直に工場を見て話を聞くことで、商品のよさを深く知ることができます。これが、未購入のお客様の商品購入やリピート客の継続回数アップのきっかけにもなっています。

ある食品通販の会社では、観光客向けの施設を工場内に作り、工場見学ができるように施設内を設計しています。原料、製造工程、会社の歴史を一連で知ることができ、短時間で商品、会社について理解することができます。また、希望者は商品づくりの体験教室に参加することもでき、より深く商品について学ぶことができます。

工場見学は、参加者の満足度と商品理解度が高まる取り組みです。自社工場がない会社でも、委託製造工場と協力して見学会を実施している場合もあります。お客様は直接の体験が一番記憶に残るので、自社をより知ってもらう取り組みを大切にしてください。

10 実店舗の活用

実店舗を持っている会社は、店舗で商品を購入したお客様に通販でも購入できることを告知し、来店と通販の両面でリピートにつなげることが重要です。店舗自体をひとつの媒体と考え、新規客をリスト化していくのです。

お客様情報のリスト化の方法としては、ポイントカードの活用、会員制度への誘導、アン

来店者をリスト化する取り組み

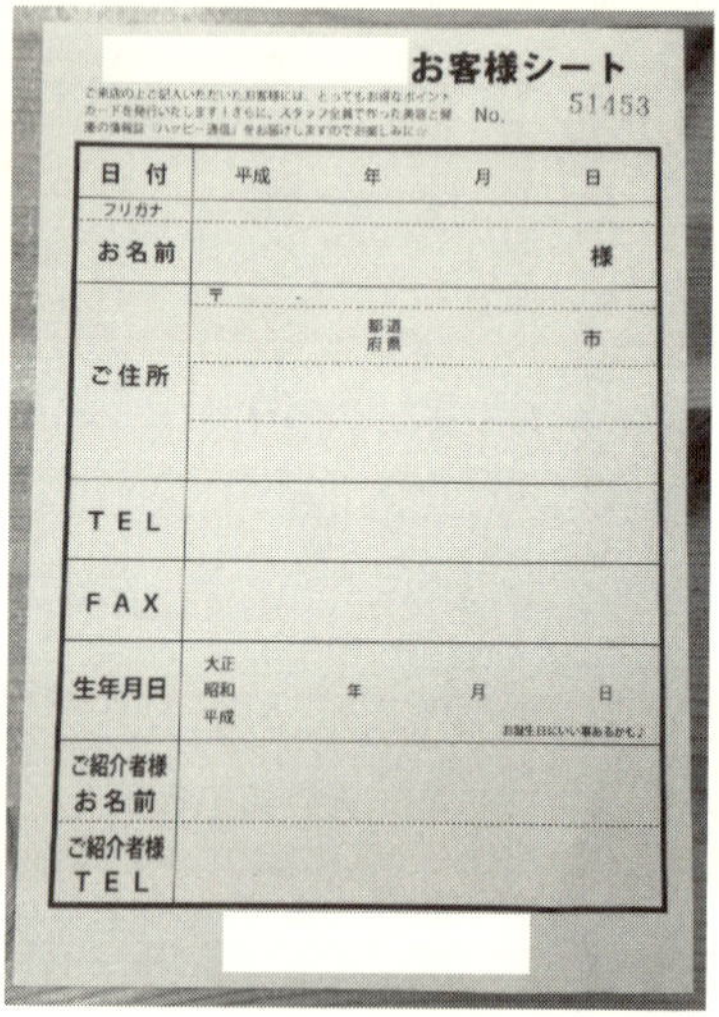
お客様シート
No. 51453

日　付	平成　年　月　日
フリガナ	
お名前	様
ご住所	〒　都道府県　市
TEL	
FAX	
生年月日	大正 昭和 平成　年　月　日
ご紹介者様 お名前	
ご紹介者様 TEL	

ケートハガキの活用、カタログ送付希望者を店内で募る、ＬＩＮＥの活用といった方法などがあります。お客様情報をリスト化した後は、定期的にＤＭやメールなどでアプローチしていき、来店もしくは通販でのリピート購入を促すようにします。

　ある食品メーカーでは直売店の中にカタログ送付希望者を募る告知がしてあって、レジで申込書を渡すような仕組みになっています。後日、社員から直筆の手紙が届くとともに、年2回、通販用のカタログを送って、リピート売上げを作るようにしています。

　また、お客様にＷＥＢでリピート注文ができることをご案内しておくと、お客様は自宅でリピート購入ができます。店頭での告知や商品購入時にご案内を渡すといった施策で周知させることも、リピート売上げを作る欠かせない取り組みです。

　通販会社の中にも店舗を活用する会社が増えてきました。広告だけでの新規客獲得や電話やメールだけでお客様の情報を知ることに限界を感じているためです。店舗を活用して新規

来店者をリスト化する取り組み

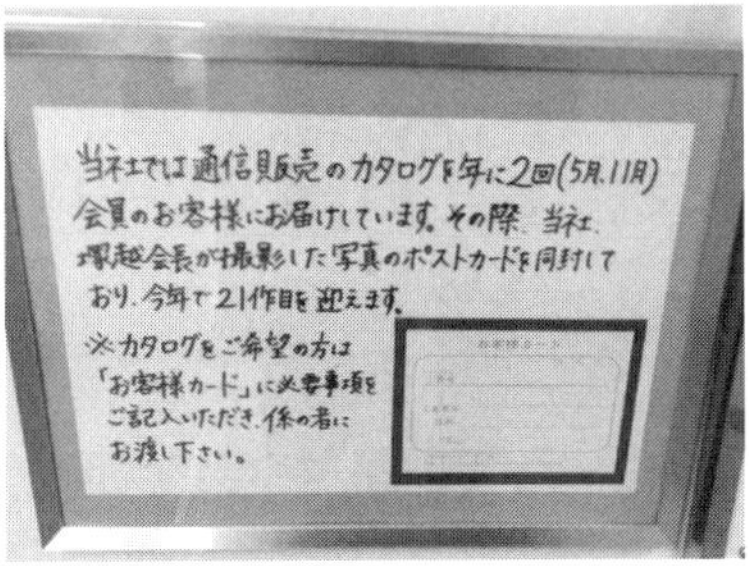

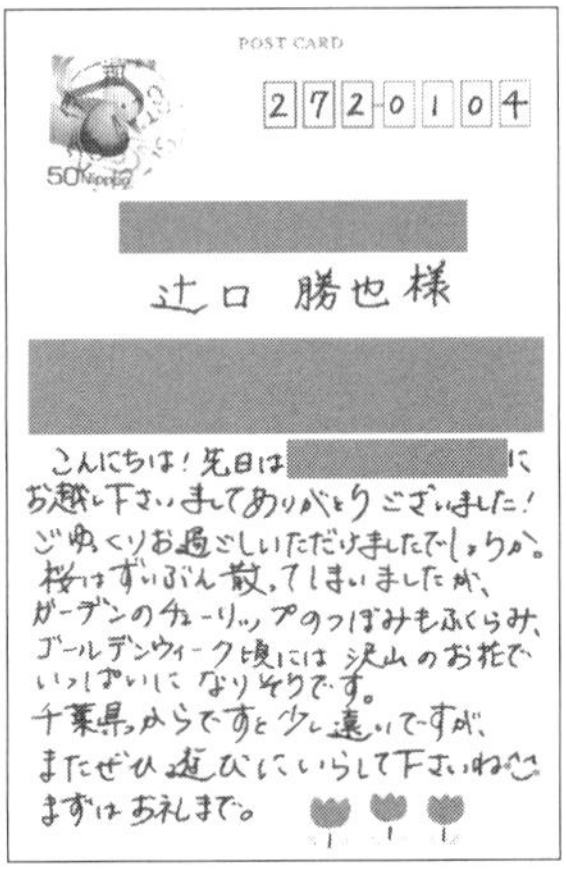
POST CARD
272-0104
[redacted]
辻口 勝也様
[redacted]
こんにちは！先日は[redacted]に
お越し下さいましてありがとうございました！
ごゆっくりお過ごしいただけましたでしょうか。
桜はずいぶん散ってしまいましたが、
ガーデンのチューリップのつぼみもふくらみ、
ゴールデンウィーク頃には沢山のお花で
いっぱいになりそうです。
千葉県からですと少し遠いですが、
またぜひ遊びにいらして下さいね。
まずはお礼まで。

来店者を会員化する取り組み

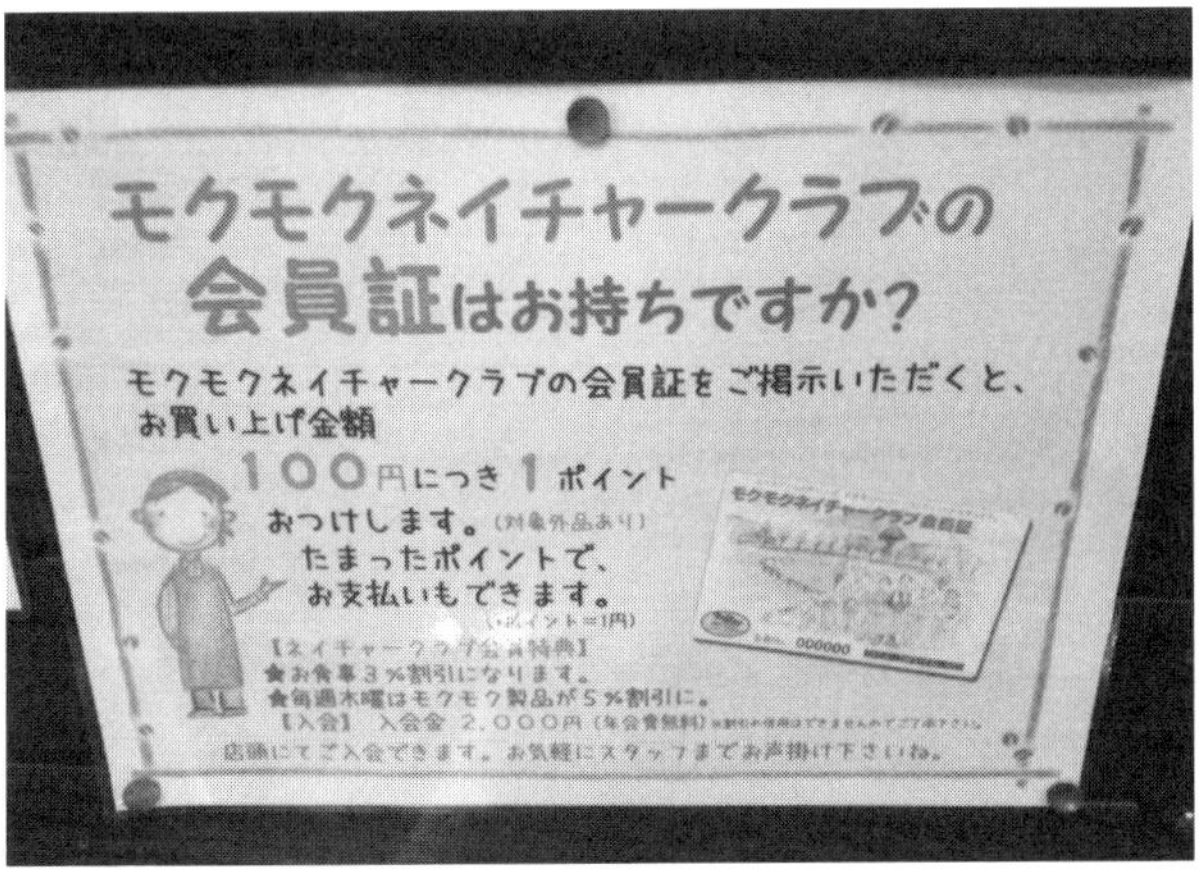

外国人観光客向けの売場づくり

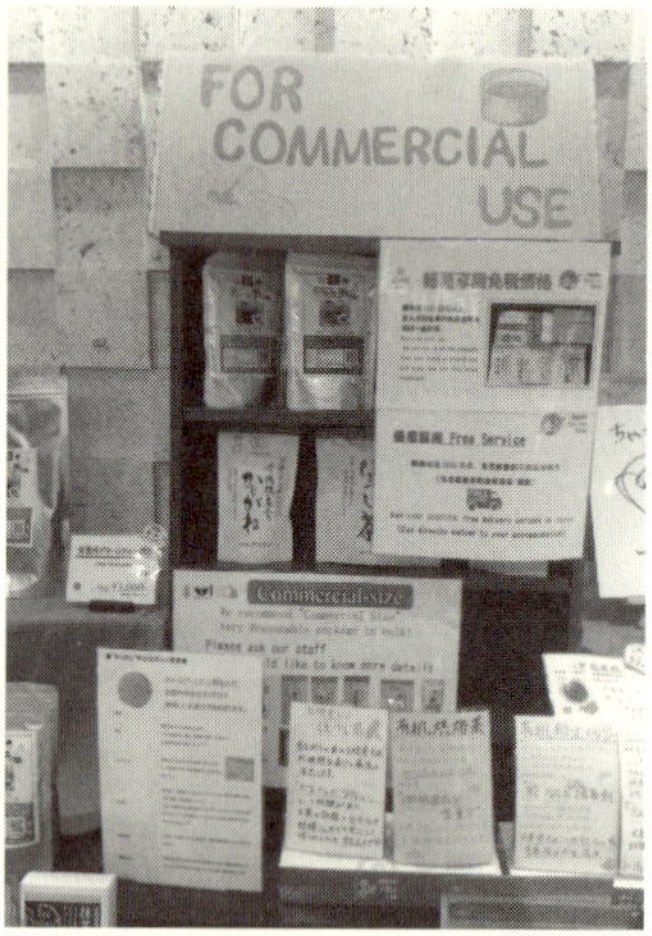

のお客様と出会いたい、お客様と直接会うことでお客様の想いを聞いたり、感じとりたいという想いが高まっています。

通販会社が店舗を活用する場合、事前に目的を明確化する必要があります。ブランド力を高めるのか、新規客を獲得したいのか、商品を実際に試してもらうのかなど、各社目的を持って店舗を活用しています。

実店舗のよさは、お客様に気軽に商品の体験をしてもらえる、お客様の様子を見ながら接客ができる、お客様の生の声を聞くことができる、といくつもあげることができます。

またお客様の五感に訴えかけることができるのも通販にない特長です。食品であれば味や香り、化粧品であれば香りや手に塗った使用感等を訴求することができます。

実店舗の活用

店舗から通販のご案内

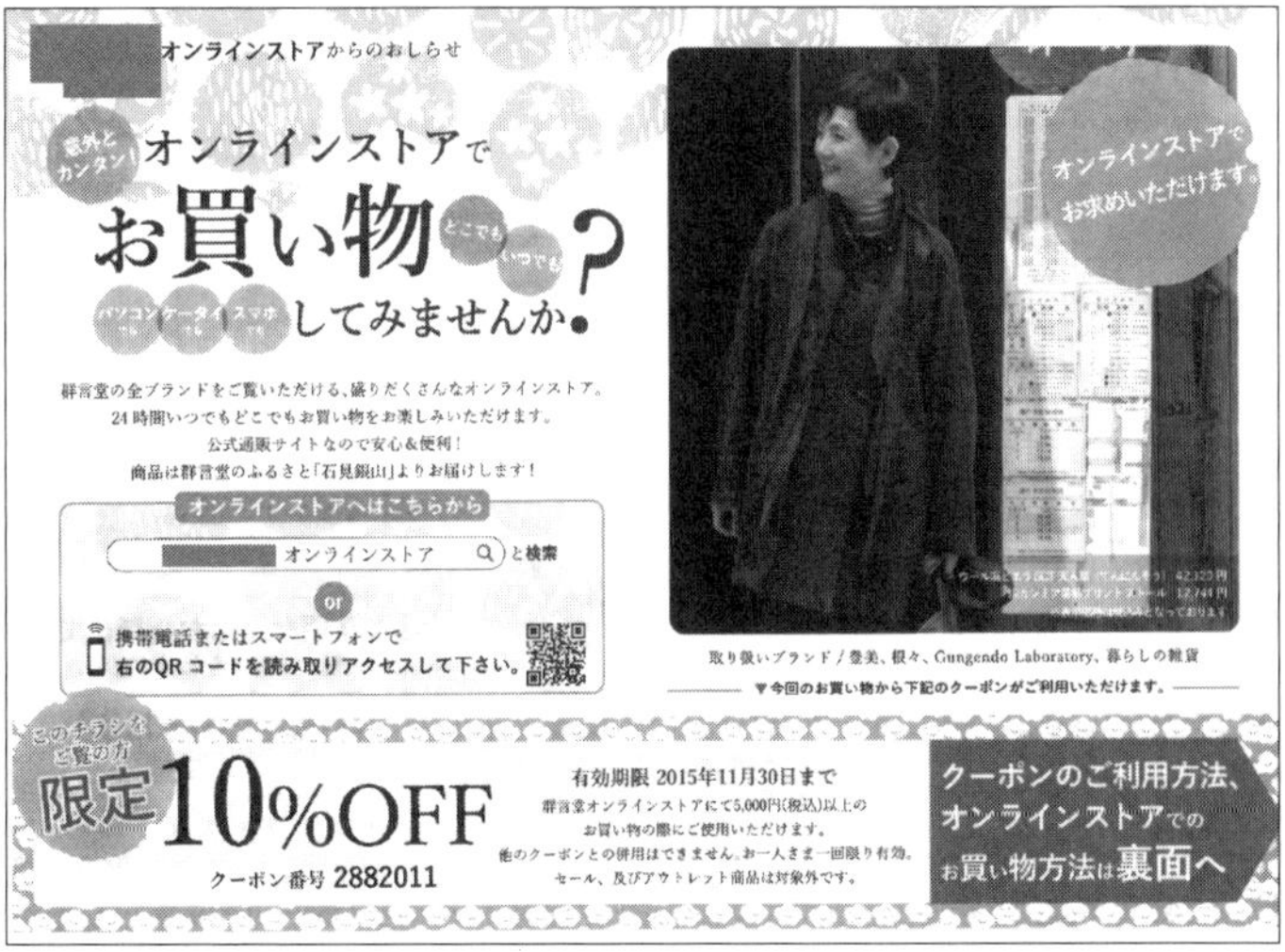

食品通販の会社では飲食店を出店し、ブランド認知度を上げる取り組みが増えてきました。お店で自社商品を味わってもらうとともに、ブランドを知ってもらうのが目的です。

お客様の中には通販よりも店舗で買う方が好きという方も一定割合いるので、過去に広告で反応がなかったお客様が、来店して商品を買うということも実際に起きています。

ある化粧品通販の会社が実店舗を出したときに、当初はその地域の通販売上げが減るのでは、ということを危惧していました。しかし実際には、通販では購入しないお客様が店舗で購入しているという実態がわかり、売上げも増やすことができました。

また、海外から来る観光客をお客様にしたい場合、実店舗は強みを発揮します。ある観光地にある会社では、店頭で外国語のＰＯＰを目立たせ、外国人観光客が入りやすい演出をしています。外国語を話せる店員を雇い、接客を大事にしていることや来店客と写真を撮り、ＳＮＳにアップするということも繰り返しています。お客様が店舗のスタッフと仲よくなることもあり、帰国後もリピート注文が入る場合もあります。

また、ある化粧品通販の会社では、本社内の社員食堂の中に売場を作り、地元のお客様が商品を買える場にしています。この会社は、社食も地元の方が食べに来られるというユニークな取り組みをしており、地元のお客様との触れ合いの場になっています。

通販会社にとって、実店舗でのお客様との触れ合いは貴重な体験です。ぜひ、目的を持って実店舗を活用してください。

column

町おこしから生まれた化粧品。丁寧なお客様対応で独自性を発揮！

――姫ラボ（島根県松江市　玉造温泉）

この施策は費用対効果が見えないけど、本当に行なう意味があるのかなと考えることはありませんか？　特に、丁寧なお客様対応は漢方薬と一緒で、効き目はあるのですが、即効性はないので、なかなか継続できない会社が多いのが実態です。しかし、地道な取り組みは成果につながるということを証明している会社が島根県にあるのです。

島根県松江市にある玉造温泉には、その温泉水を使った化粧品を販売する「姫ラボ」というお店があります。

玉造温泉は、年間105万人（2017年）が来る人気の観光スポットです。一時期は観光客の減少に悩まされていましたが、地元の皆様が町おこしのためにさまざまな努力を行ない、近年では観光客が年々増えてきました。

玉造温泉は、「美肌効果を謳うこと」「ターゲットは女性客に絞る」というコンセプトの下、「美肌・姫神の湯　玉造温泉」として町づくりを行なってきました。

2010年からは、「姫ラボ」ブランドで化粧品の販売をスタートしました。主力商品はオールインワンゲルと石鹸で、合計11種類（2018年10月時点）の商品を販売しています。

毎月平均すると3000~4000名の観光客がお店を訪れて商品を購入しますが、商品を気に入ったお客様は電話、FAX、ハガキ、WEBでリピート購入しています。

売上げは、店舗と通販を足すと年2億円（2017年）で、毎年、着実な売上アップを実現しています。設立当初2名だった社員は、現在（2018年8月時点）では40名になり、地元の雇用創出に貢献しています。

姫ラボの最大の特徴は、丁寧なお客様対応にあります。店舗での丁寧な接客はもちろんですが、通販のお客様にも丁寧な対応を心がけています。

店舗の外観

売場

現場スタッフによる周年記念の打ち合わせ

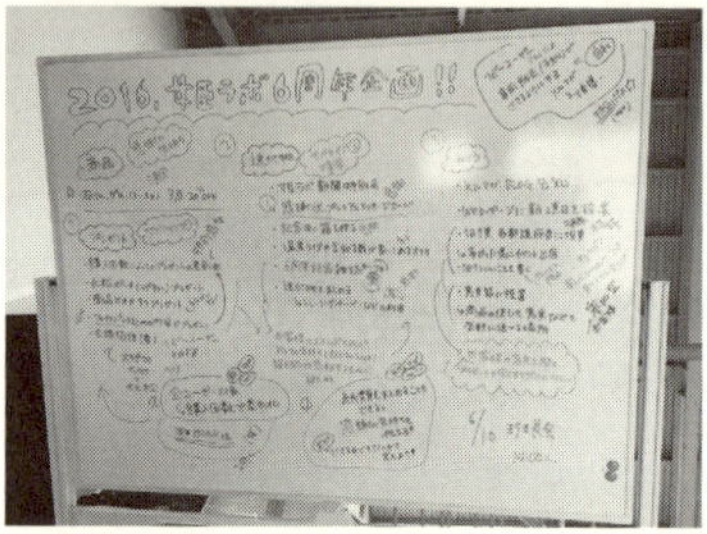

年４回発行のフリーペーパー

お客様の声を社内で共有

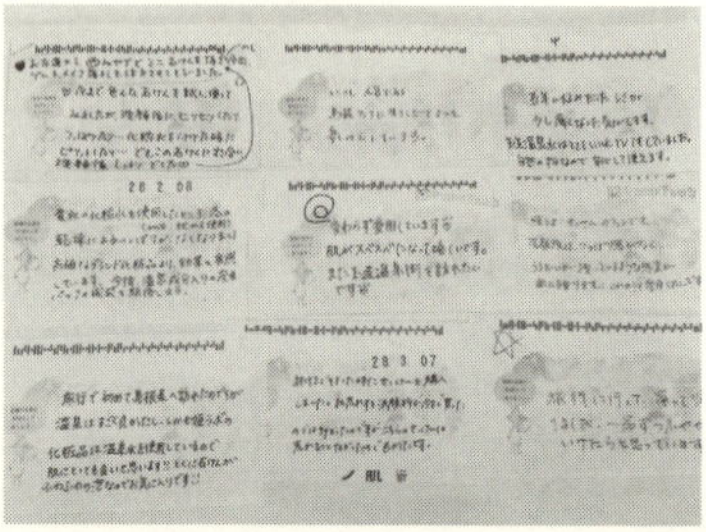

通販での商品購入者には、必ず手書きのメッセージを添え、自分達で作った消しゴムハンコを押します。年に4回、地元の観光協会が発行しているフリーペーパーを同梱し、玉造温泉のPRにも余念がありません。受注から発送まで、すべての作業を自社で行なっており、商品やツールの梱包も、スタッフが手分けして行なっています。また、注文ガイド、手書きの会報誌、カレンダー等のツールも、スタッフ自らが考えながら作成しています。

丁寧なお客様対応の評価は、楽天のレビューで確認することができます。ショップのレビュー点数は4・8点以上（2018年10月末時点）で、スタッフの応対、梱包、配送といったお客様対応に関することは特に評価が高く、丁寧な対応がお客様に喜ばれていることが確認できます。玉造温泉に行ったことのない方で、このレビューを信頼して初めて購入される方も毎月一定数おり、楽天での売上アップにも貢献しています。楽天のレビューを見ても、手書きのメッセージや玉造温泉の情報が載ったフリーペーパーの存在、迅速な配送といったところを評価しているお客様が多いのが特徴です。

年に1回、周年記念のDMを出しています。毎年、周年記念に向けてどんな施策を実施するか、それもすべて現場のスタッフが考えます。施策を考える際には「どういうことをしたらお客様は喜んでくれるか?」という視点を重視します。購入回数の多い方にはDMとは別にお手紙を送付し、思い出してもらう努力をしています。

ギフトにも力を入れています。クリスマス、福袋、バレンタイン……と時期に合わせてセット商品を作り、素敵な包装で楽しさを演出しています。

通販で購入したお客様の声を、店舗のスタッフとも共有しています。店舗でのよい接客があって、初めて通販でのリピートにつながります。そして、通販でのリピートがあるからこそ、店舗の運営資金にも余裕が出てきます。つまり、店舗があっての通販、通販があっての店舗なのです。

スタッフに、通販経験者は一人もいません。スタッフは女性が多く、年齢も20～50代まで幅広くいて、各自が役割を精一杯はたしています。通販経験はなくても、愚直にお客様に喜んでもらうためにはどうしたらよいかを考えて、実行しているのです。

また、東京、大阪、広島等で催事があれば、出店して商品の販売とPRを行なっています。これも、準備から販売まですべて自社のスタッフが行なっています。

催事では、過去に来店したお客様や通販で購入しているお客様とも出会えるといった、一般の通販会社にはない経験もしています。島根県で待つだけでなく、自らも積極的にお客様と出会えるようにしているのです。

数字の振り返りもしっかりと行ない、社内で共有

購入者に手書きのメッセージ

スタッフの手書き対応

周年記念DM／
購入回数の多いお客様には手書きのお手紙

しています。リピート移行率、DMのレスポンス率、再購入した休眠客の属性等を定期的に見ることで、着実にリピート客の人数が増えていることを確認しています。

丁寧なお客様対応や地道な取り組みも、数字の成果につながることが確認できることで、継続することができます。

化粧品の販売を始めた頃は、自分達の施策に自信が持てない時期もありましたが、今では自信を持って楽しく施策に取り組んでいます。

ここまで見てきたように、お客様を想い、丁寧な対応をすることが結果として売上げにつながっていきます。一見、非効率に見える取り組みが、結果としてお客様の心に響き、安定したリピートにつながっていきます。

目先の数字を追うだけでなく、お客様が喜ぶことを愚直に行なうことの大切さを、姫ラボの取り組みが教えてくれています。

毎年カレンダーを作成

クリスマスギフト

県外の催事に出店

クリスマスギフト／購入者へのメッセージ

8章

社内体制のあり方について

1 会社の方向性や価値観を共有する

社内体制を整える第一歩は、会社の方向性、大切にする価値観を社内で共有することで、共有にあたってはまずはその内容を明文化することです。そして、明文化したものを手帳や資料として全社員に配布し、そのうえで繰り返しその内容を伝えることが大切です。

明文化するにあたっては、トップダウンではなく、社員の意見を取り入れたり、ディスカッションを重ねて決めた会社の方が、作成に時間はかかりますが、社内に定着している傾向があります。

ある化粧品通販の会社では、会社の経営方針や価値観を「ポラリス（北極星の意味）」という1冊の手帳に整理し、全社員で共有しています。この手帳には、会社の方向性、歴史から会社の規則まで、さまざまな情報が載っていて、社員は常に持ち歩き、折に触れ、内容を確認することができます。

この会社ではあるときに売上至上主義を改め、お客様ともっと向き合っていこうという方針に変更しました。その変更にあたって社内での対話を増やし、社員一同このテーマに向き合うことにしました。そして、この1冊の手帳を作るまでに2年ほど社内で意見交換を重ね、社員一同、方向性を確認し合いながら作成したのです。

会社の方向性や価値観をまとめた手帳「ポラリス」

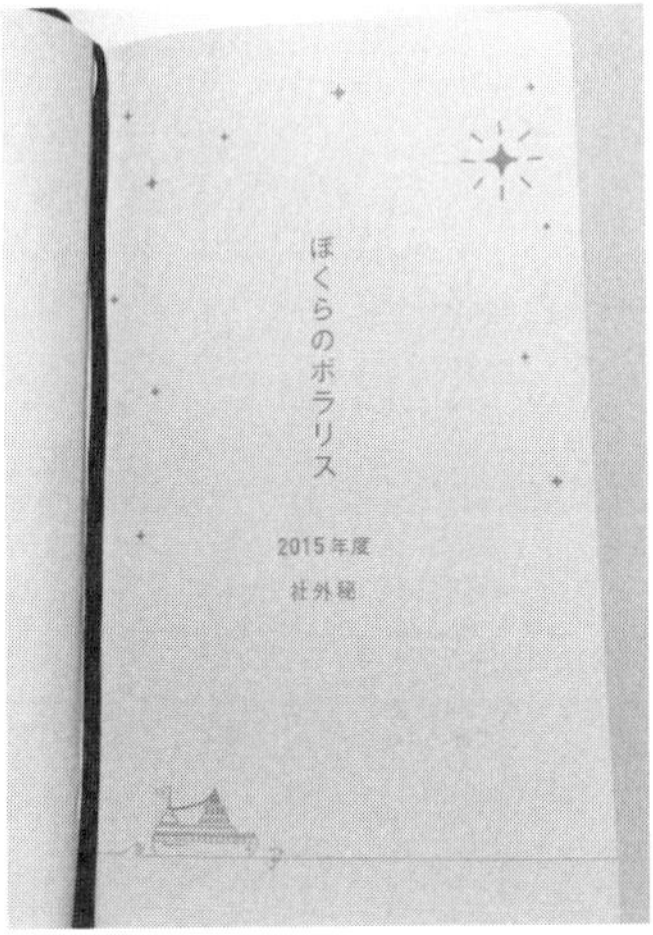

会社の価値観をまとめたクレドを社内に掲示

ある健康食品製造会社でも、20年以上前に経営者と幹部でまとめた価値観、考え方等を手帳にまとめ、毎年、社員や関係者に配布しています。朝礼や会議で毎回内容を唱和するので、社員は皆、内容を暗記して言えるほどになっています。

このように自分達の価値観、目指すべき方向が明文化されていると、迷ったときや悩んだときにも立ち戻ることができます。小さな会社はA４サイズ１枚でも構いませんので、明文化して社内で共有してください。

ある化粧品通販の会社ではクレドを作成するとともにパネルにして、社内の複数の場所に掲示してあります。見える化を図ることで、常に社員がその内容について意識できるようにしているのです。トップダウンで理念や方向性を決めている会社でも、社員が腑に落ちるまで伝え、理解させる必要があります。朝礼や会議でも継続して明文化したものを使用して、全員に伝えていくことが大切です。

ある通販会社ではクレドを作成しようと外部の専門家を起用し、社内での打ち合わせを重ねました。しかし、業務が忙しい中、クレドを作る重要性について、社員の理解がないまま進めたため、結局、形にならずに終わってしまいました。外部の専門家の力を借りれば見栄えのよいクレドを作ることはできますが、皆の腑に落ちるものでないと結局は定着せずに終わってしまいます。

ある化粧品通販の会社では、経営者が毎年、経営計画を作成するのですが、全社員に手帳として配布し、毎日朝礼で内容の読み合わせをしています。ただ配布するだけだと各社員の机の引き出しにしまわれて終わりなので、このような取り組みをする必要があるのです。

2 社員の意識・商品知識を高める

社員の意識を高めるためには、社内での話し合いや研修の時間を設けていく必要があります。特に、情報のインプットを多くすることが重要で、十分なインプットがあって初めて、充実した話し合いができるのです。社員に漠然と施策を考えさせても、抽象的な意見しか出ないことが多いので、具体的な情報や事例を伝えながら考える癖をつけることが大切です。

ある化粧品通販の会社では、毎日1時間程度、朝ゼミという勉強会を開催しています。外部から研修講師を呼んだり、各部署が現在取り組んでいる施策を発表して、社員のスキル向上、情報共有を図っています。また、この会社ではユニークな取り組みとして、「女子会」という会議があります。これは女性社員だけが集まって、和気あいあいとディスカッションをする会で、女性の自由な発想を活かそうという試みです。

社員に商品知識の教育を継続して行ない、お客様にしっかり商品のよさを伝えられるように育成していく必要もあります。お客様にリピートしてもらうためには、商品の理解と会社への信頼は欠かせませんが、それもまずは社員が商品についてしっかり理解していないと、

女子会の開催

お客様に伝えることはできません。

ある化粧品通販の会社では、少しでも時間が空くと、オペレーターが商品知識の勉強をする時間にあてています。今日は広告の反応が悪く、電話の鳴りが少ないと判断した時点で、オペレーターの一部を集めて、コールセンターの片隅で勉強会を始めます。他社と比較して勉強会の時間は長いのですが、会社としては今以上に勉強の時間を取りたいと考えているとのことです。

ある化粧品販売店では、商品を委託先で製造しているのですが、定期的に製造会社に社員を派遣して、化粧品の研修を受けさせています。自社商品に使われている成分や化粧品と肌の関係等を学び、店舗での接客に活かしているのです。

ある健康食品通販の会社では、社員に1冊白紙のノートを渡して、自分で気づいたこと、学んだこと、目標や行なうこと等を書けるようにしています。各自に、自分だけのマニュアルができ、それをもとに日々の業務を行なっています。

ある健康食品の製造会社は、法人向けに卸売り販売をしているのですが、営業担当者には年に1回試験があり、その試験に落ちると、営業担当から外されるルールになっています。試験に落ちてはいけないという緊張感と仕事への使命感から、営業担当は常に高いレベルで商品知識を理解しています。

実施する業務について、社員にその意義がしっかりと伝わっていないといけません。ある通販会社で、お客様に手書きのお手紙を送るという施策を始めたのですが、お客様の名前を書き間違えたり、殴り書きの文章を送ったりで、逆にお客様からお叱りのお電話が増えてしまいました。手で書くという作業だけが意識され、その背景にあるお客様に感謝を伝えるという意図を理解しない社員がいたためでした。

3 社内のコミュニケーションを大切にする

社員数が少ないうちは、取り組んでいる施策をはじめ、さまざまな情報でも短時間に皆で共有できますが、社員数が増えるにつれて、情報の共有は難しくなってきます。役割ごとに部署ができてくると、どうしても業務が縦割りになり、コミュニケーションが不足がちになってしまいます。

ある健康食品通販の会社では、他部署の取り組みについて皆が関心を持てるように、社内報を作成することにしました。社内報では、各部署の社員、その部署で取り組んでいる仕事、新人研修の様子、お客様とのエピソード等を面白おかしく紹介しています。社内報自体が売上げに直結するわけではありませんが、継続して発行することで、他部署の取り組みを多くの社員が共有できるようになりました。

また、ある健康食品通販の会社では、毎日、社内報を作成しています。全社員がその日の気づき、感じたこと、取り組んでいる仕事のこと等を一言書いて会社に提出し、翌日の社内報で紹介するという取り組みを行なっているのです。他の社員がどのような仕事をし、どのように考えているかを知ることができ、コミュニケーションツールのひとつとして活用されています。

仕事内容や職場環境についても、マンネリ化を防ぐために、会社として環境を整えてあげる必要があります。

ある化粧品通販の会社では、定期的にジョブローテーションを行ない、各部署のメンバーの入れ替えをしています。各人がさまざまな仕事を経験するだけでなく、メンバー構成を変えることで、コミュニケーションが深まるような工夫としてです。ローテーション直後は多

社内報

少、仕事が滞ることもありますが、そこは会社として許容しています。各自が複数の業務をこなせるようになること、ひとつの仕事が属人的にならないことを心がけています。

　また、ある健康食品通販の会社では、1ヶ月に1回、コールセンターのオペレーターの席替えを行なっています。毎日、同じ席に座り、同じ風景を見ていてはマンネリ化してしまうので、それを防ぐことを目的にしています。

　ユニークな取り組みとして、遊びの要素を取り入れている会社もあります。

　ある健康食品通販の会社では、卓球台を購入し、全社員が1日15分、卓球をするルールを作りました。卓球を通じて社内に笑い声が増えたのと、一緒に遊ぶ時

卓球で社内のコミュニケーションをよくする

間が増えたため、社員同士が以前よりも仲よくなりました。また、仕事ではおとなしい社員が、卓球中には、はしゃいでいる姿を見せて、仲間の普段と違う一面を見ることもできるようになりました。これも好きな人だけがやってよいのではなく、「1日15分全員」というルールを作ることで定着しました。

ある化粧品通販の会社では、毎月1回、社員皆で飲み会を開催しています。この会も全員参加が基本ルールとしてあり、社内コミュニケーションの一助となっています。

仕事以外のことで触れ合うことで、より相手のことを理解することができ、コミュニケーションも深めることができます。

4 お客様の声を社内で共有する

通販会社は普段から、お客様の声をいかに感じ取るかということに力を入れなくてはいけません。店舗と違って、対面でお客様の反応を感じたり、ご意見を直接お聞きしたりすることができないためです。

すぐに取り組めることは、お客様から届いたおハガキやメールに目を通すことです。その中には、お客様が何に満足しているのか、不満に感じているのか、なぜ商品を購入しようと思ったのかといった、あらゆる要素が詰まっています。わざわざハガキやメールを送ってくださるというのは、お客様にも必ず背景があるので、そこからお客様の要望や不満を感じ取ることが重要です。

お客様の声を読むということの重要性は、多くの社員は頭で理解はしていますが、日々の業務に追われる中で、どうしても優先順位が下がっていってしまいます。「読みましょう！」と声かけをするだけでは、なかなか皆が取り組まないのが現実です。

ある健康食品通販の会社では、月に1回、お客様から来た声を社員一同で共有する時間を作っています。喜びの声、お叱りの声、要望等のすべてを共有することで、意識を高めるとともに、改善点や今後の施策について話し合います。また、クレームをどう処理したのかと

お客様のお手紙を読む時間を作る

お客様の声を社内に掲示する

お客様から来たおハガキ・写真を社内に掲示

いう経緯についても共有して、再発防止に活用しています。

ある化粧品通販の会社では、ある日、朝の会議の時間を1時間丸々、全社員でお客様の声を読む時間にあてました。会社としてこのような時間を作らないと、なかなかお客様の声を皆が読まないためです。時間をかけてゆっくりお客様の声を読むことで、さまざまな気づきを得ることができました。

お客様の声を社内に掲示するのも、効率よく皆で情報を共有できる取り組みです。

ある健康茶通販の会社では、受付に多くのお客様からの声を掲示しています。社員も、来社したパートナー会社の方も多くのお客様の声を読むことができ、お客様に支持されている姿勢を確認することができます。

お客様の声だけでなく、会社に届いたお便りも掲示すると、社員一同、共有できます。

ある健康食品通販の会社では、お客様にゴーヤの種を送るサービスを行ないました。すると後日、お客様から「こんなに大きくなりました」と、写真が何枚も届けられました。その写真を社内に掲示し、社員一同、お客様の心遣いを感じることができました。このようなコミュニケーションにより、通販であってもお客様の存在を認識することができます。

5 現場のスタッフの意見を取り入れる

リピート施策を考えていくうえでは、現場のスタッフの意見を取り入れることが非常に大切です。日々、お客様と接しているスタッフは、経営者や経営幹部よりもお客様のことを理解し、お客様のために何かをしてあげたいと考えています。スタッフが日頃から想っていることを聞き出し、施策を考えるうえでのヒントにすることが大切です。

ある化粧品通販の会社では定期的にブレストを行ない、社員のアイデアをもとに、施策の検討を行なっています。外部の専門家やパートナー会社の出す案よりも、自分達で発案したアイデアの方が施策実行の動きが早く、成果にもつながっています。

ある化粧品通販の会社で以前実施したことですが、リピート施策を参加メンバーが一人10

ブレストで現場社員の意見を活用する

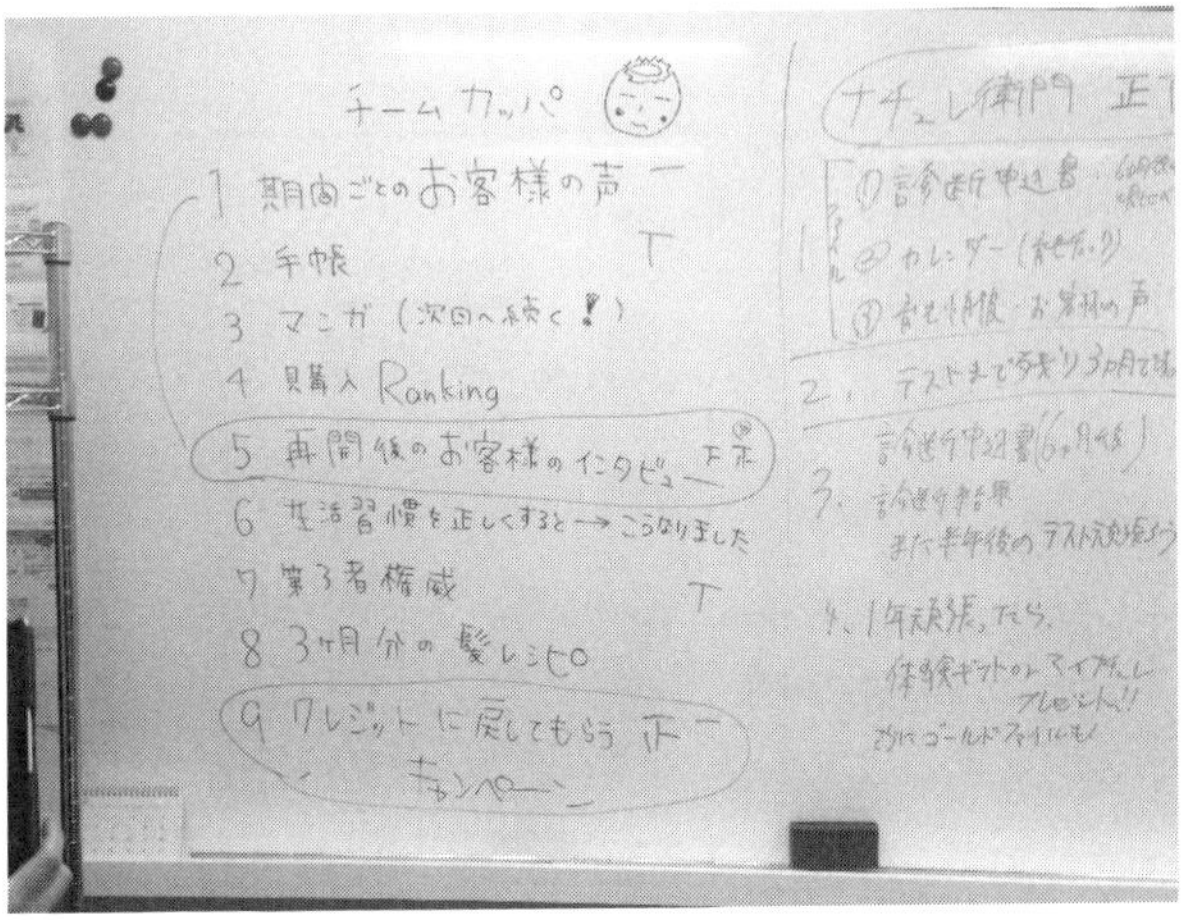

改善提案はリスト化して実施していく

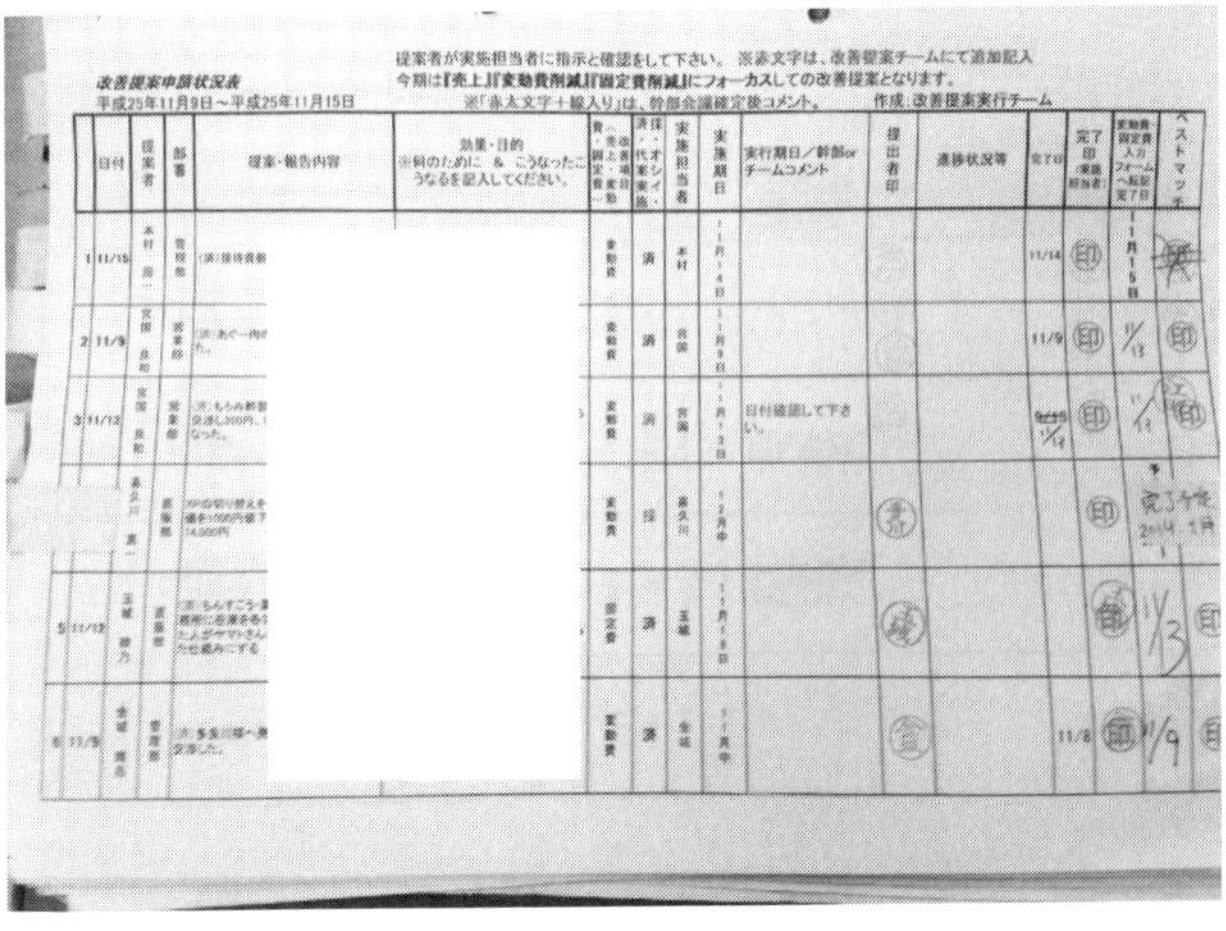

ひらめきカード

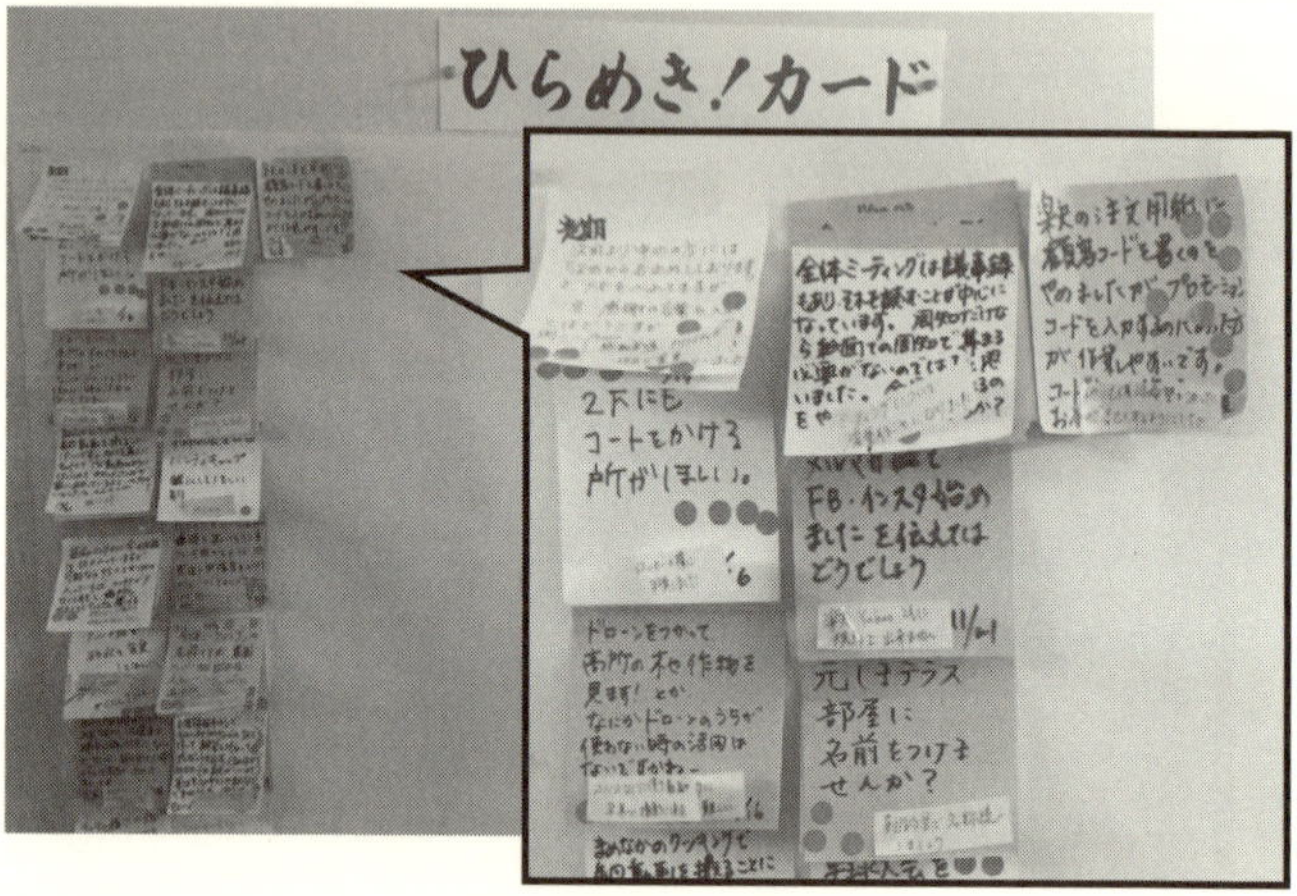

個持ち寄るという会議をしました。参加者が12名だったので、1回の会議で120個以上のアイデアが共有されました。アイデアは、実現可能性から優先順位をその場でつけ、その中からすぐに実施されたアイデアがいくつも生まれました。

社員が意見やアイデアを出しやすいように、会社としても工夫が必要です。ある食品通販の会社には改善提案制度があり、会社に改善提案をした社員は、1件につき100円もらえる仕組みになっています。提案については、すべて実現の可否について検討し、採用されたものについては、担当者とスケジュールを決めて実行に移しています。

また、ある健康食品通販の会社では、「ひらめきカード」という仕組みがあり、スタッフがひらめいたアイデアをポストイットで貼り、社員一同で共有するようにしています。この会社には提案制度もあるのですが、この仕組みにより、ちょっと思いついたことでも提案できるようになりました。

アイデアや意見をポストイットに記入して貼り出して、それを見て、「いいね～賛成」というものには赤シールを貼り、賛同の度合を確認します。提案が少なかった社員からも多くの提案が出るようになったり、誰かのアイデアをヒントに違う意見が出たりと、以前よりも多くのアイデアが出るようになりました。

商品開発についても、現場の声は大切です。ある化粧品通販の会社では、商品開発の会議に必ずコールセンターのオペレーターが数名参加することになっています。会社としてお客様視点を見失わないためで、容器の使い心地や品質に対するお客様の声を、会議の場で発信してもらっています。開発のプロセスにおいてもお客様と接しているオペレーターは、欠かせない存在になっているのです。

6 コールセンターの重要性

通販ビジネスにおいて、お客様と直接触れ合う機会がある場所がコールセンターです。コールセンターでの応対ひとつで会社の印象がよくも悪くもなる重要な場所です。

小さな会社やお店の場合はコールセンターというと大げさですが、自社内での受電対応の

朝礼・夕礼での情報共有

ことだと認識してください。

自社でコールセンターを持ち受電対応を行なうメリットは、社内で社員が応対するので、応対品質が安定することとお客様の声をスピーディーに知ることができることにあります。

ある化粧品通販の会社では、お客様との受電対応を非常に重視していて、新入社員も中途社員も、ある一定レベルの応対ができるまで部署に配属されません。たとえば、企画の部署に入った中途社員も、電話応対ができて初めて企画の仕事ができるのです。

ある健康食品通販の会社は、オペレーター4~8名のチームを作っていて、チーム内でコミュニケーションを取る習慣があります。毎日2回チームごとに集

オペレーターが集まって情報共有

まり、情報共有の時間を作っています。
また、お客様に商品を紹介するトークについてオペレーター同士で意見交換をする時間を作る等、お互いの考えを共有し合う時間を作っています。

成功している通販会社でも、基本的な応対や言葉遣いを除けば、マニュアルがない会社もあります。各オペレーターの裁量でお客様に親身に対応しているのが実態です。あまりスキルやノウハウとかにとらわれずに、自然な対応を心がけることをお勧めします。お客様と直接話すことで得られるものは多いので、臆せず取り組んでください。

お客様の電話を自社で対応できない場合には外部のコールセンターを活用します。外部のコールセンターを活用するメリットは、自社では取り切れない数の受電ができる、営業時間外の受電ができるといった点があげられます。

外部のコールセンターでも、お客様にとっては関係のないことで、応対に問題があればクライアントである通販会社の信頼が落ちるので、研修はしっかり行なう必要があります。

ある食品通販の会社では、お歳暮の時期には注文が増えるため、外部のコールセンターを活用しているのですが、商品知識だけでなく、会社の理念や価値観についても伝えるようにしています。伝える時間にも費用はかかるのですが、会社のイメージを損なわないためにも時間をかけて伝えています。

ある化粧品通販の会社では、経営者自らがオペレーターの研修を行なっています。商品知識だけでなく、会社の方向性や自分の想いを熱心に伝え、自社の社員に近い意識で業務に取り組んでもらえるように心がけているのです。経営者から直接話を聞くことでオペレーターのモチベーションも高くなります。

応対品質の向上と維持のために最も大切なことはモニタリングです。モニタリングとはオペレーターとお客様の会話を聞いて、その応対品質を確認することです。モニタリングでは基本的な応対、話し方、聞き方、商品やキャンペーンの案内といった点が上手にできているかどうかを確認します。

ある化粧品通販の会社では、1年近くモニタリングを怠っていました。久しぶりにトークを聞いたところ、応対品質が非常に悪くなっていました。そこで再度、コールセンターに出向いて研修を行ない、その後は定期的にモニタリングを行なうように改めました。

コールセンターに顔も出さずに、目標数字ばかりを話してプレッシャーをかける会社もありますが、現場は白けるばかりで数字が上がらないか、目標達成のためにお客様に強引なセールスを行なって評判を損ねるかのいずれかに陥ります。コールセンターにも自分達の仲間であることを明確に伝える必要があります。

ある健康食品通販の会社では、毎月コールセンターに出向いて打ち合わせを行なっています。クライアントなので会社に呼ぶこともできるのですが、できるだけ生の情報を聞きたいということで出向いて打ち合わせし、直接スーパーバイザーとコミュニケーションを取って現状把握に努めています。

7 パートナー会社の力を引き出す

通販会社が起用するパートナー会社としては、広告代理店、制作会社、印刷会社、コールセンター、物流会社、システム会社といったところがあげられます。

通販業界は以前と比較して、ノウハウや仕組みについて各社の持っている情報格差が少なくなってきています。他社に負けない事業体としていくためには、社員、パート、パートナーの力を結集し、総合力で戦っていく必要があります。いかに自社のことを考えて有益な提案をしてもらえるか、パートナー会社の力をいかに引き出すか、そのための関係づくりがたいへん重要です。

無理難題な要求や、厳しいコストダウンの要求ばかりしていると、よいパートナー会社から相手にされなくなり、事業にも支障をきたすことになります。また相見積もりを取って、コストが安いからという理由だけでパートナー会社を選ぶのも適切ではありません。あくまでも、品質とコストのバランスなので、見た目のコストだけでパートナー会社を判断するのはリスクが大きすぎます。

ある健康食品通販の会社でのことですが、コストが安いという理由で、ある外部のコールセンターを起用したのですが、応対品質が悪くクレームが続出しました。そのクレーム対応に社員が時間と手間を割かれることになり、結果としてコスト高になってしまいました。

パートナー会社への過剰な期待も禁物です。専門分野の知見は当然あるでしょうが、通販のことを何でも知っているわけではありません。パートナー会社の意見を鵜呑みにするのではなく、自分達の想いや要望を伝えながら一緒に取り組んでいくことが大切です。

広告出稿や同梱物等の制作に関しては、クライアント側のオリエンが重要になります。パートナー会社の提出物の品質が低い場合やコミュニケーションがうまくとれていない場合には、（パートナー会社にノウハウ、スキルがあるという前提ですが）オリエンが十分になされていないことが多くあります。

オリエンでは、商品コンセプト、商品にかける想い、ターゲット、他社との優位性、商品説明といった要素を伝えつつ、パートナー会社と意見交換を行ない、イメージの共有を行ないます。

「とにかく、売れる広告を作ってください」「足りない情報はそちらで調べてください」というような態度では、とても売上げにつながるものはできません。

クライアントの本気度、情熱はパートナー会社にもしっかりと伝わります。私の考えでは、パートナー会社は80~120%の間で能力を発揮します。パートナー会社もプロですから、最低限やるべきことはやります。しかし、パートナー会社の方が、「このクライアントは応援したい」「この商品をもっと世に広めたい」「この人の情熱はすごい」と感じれば、パートナー会社も人間の集まりですから、120%の力を発揮します。いかにパートナー会社の力を高めるかは、クライアントが決めていることを忘れてはいけません。

8 社内の見える化

ある大手の化粧品通販の会社にお伺いした際に、「発言は曲がるが、文字は曲がらない」という標語が貼ってありました。見える化の重要性を伝える、非常にわかりやすい言葉です。

言ったつもり、伝えたつもりで相手には伝わっていないということは日常茶飯事です。そのため、社内で共有すべきものは「見える化」することが非常に大切です。

売上げ、定期コース人数、出稿中の広告原稿、現在取り組んでいる施策、お客様の声などを見やすい場所に掲示して、常に意識できるようにしておく必要があります。朝礼等で情報伝達したとしても、社員全員がすべてを覚えているわけではありませんので、改めて情報を確認できるようにしておくことが大切です。

その際には、パソコンの画面や印刷物はなかなか目に止まりにくいので、重要な情報は模造紙などに書き、常に目に入りやすい場所に貼り出しておくことがポイントです。

ある健康食品通販の会社では、現在行なっている施策とその細かいルールについて、社内に掲示しています。朝礼や会議で情報共有はするのですが、随時、社員が確認できる場所を用意しているのです。

ある食品通販の会社では、広告出稿ごとに新規受注件数とその後のリピート件数についてボードに書いて社内で共有しています。社員全員が広告に費用がかかっていること、リピートの大切さを意識できるようにするためです。

社員の認識不足を生まないように、大切な情報、現在進行形の施策については、常に社内での見える化を心がけるようにしてください。

9 お客様を大切にし、自社独自のリピート施策を構築する

リピートを強くする、すなわちリピート客を上手に育成するというテーマで、ここまでさまざまなことをお伝えしてきました。小手先のテクニックやノウハウだけでは決して実現できるものではないということは、伝わったのではないでしょうか。

リピートの向上は、地道な施策の積み重ねです。いきなり、あれもこれも手を出すのではなく、できることからひとつずつ取り組んでいってください。

どうしたら、今以上にお客様がリピートしてくださるか、ぜひじっくり自分達で考えてみてください。考えるにあたっては自社の現状を確認し、課題が何かを整理する必要があります。「商品力」「仕組み」「販促」「情報発信」「お客様対応」のどこかに課題が見つかるはずです。

そして、課題が見つかったら改善目標を設定し、施策を考えます。

お客様の声、お客様と接する社員の意見に数多くのヒントがあります。具体的に何を行なうか、まずは数多くのアイデアを社内で出してみましょう。そして、その中から優先順位をつけて、施策を実行していくことが大切です。

会社の数だけ、正しいリピート施策の方法があります。自分達で考え、試行錯誤し、ぜひ自社独自のリピート施策を構築していってください。

著者略歴

辻口勝也（つじぐち　かつや）

1971年生まれ。株式会社通販総研代表取締役社長。上智大学経済学部経営学科卒。

大学卒業後、大手食品メーカー、大手コンサルティング会社を経て、株式会社通販総研を設立、現在に至る。

通信販売のノウハウ、事例をもとに全国の中小企業を元気にすることを使命に日々活動をしている。

専門領域は健康食品、化粧品、産直品、飲食店の通販支援。その中でも特にリピート顧客の育成のアドバイスを得意としている。コンサルティングでは販売データ分析から把握できる数字による指標と現場社員からの意見・アイデアを重視し、実地に沿ったアドバイスを心がけている。

著書に「はじめよう！　健康食品ビジネス」（同文舘出版）、電子書籍「通販の始め方、儲け方」（アドフレックス・コミュニケーションズ）がある。

著者のメールアドレス：tsujiguchi@tsuhan-soken.com
株式会社通販総研のURL：https://www.tsuhan-soken.com/
無料メルマガ「通販総研通信」：https://www.tsuhan-soken.com/mmg/

通販会社・ネットショップのための
「リピート客を育てる技術」

平成30年12月6日　初版発行

著　者 ―― 辻口勝也

発行者 ―― 中島治久

発行所 ―― 株式会社同信社

東京都千代田区神田神保町1-41　〒101-0051

発売所 ―― 同文舘出版株式会社

東京都千代田区神田神保町1-41　〒101-0051
電話　営業03（3294）1801　編集03（3294）1802
振替00100-8-42935

©K.Tsujiguchi

ISBN978-4-495-97641-5

印刷／製本：萩原印刷

Printed in Japan 2018

JCOPY ＜出版者著作権管理機構 委託出版物＞

本書の無断複製は著作権法上での例外を除き禁じられています。複製される場合は、そのつど事前に、出版者著作権管理機構（電話 03-3513-6969、FAX 03-3513-6979、e-mail: info@jcopy.or.jp）の許諾を得てください。